Predica a Cristo

10 Mensajes acerca de Ganar Almas para Cristo

¡Usted Puede Alcanzar a Más Personas para Cristo!

Evangelista Darrell Ratcliff

Tabla de Contenidos

Agradecimiento y Reconocimiento

En primer lugar quiero expresar mi agradecimiento y reconocimiento a Dios nuestro Señor por guiarme en la realización de éste libro acerca de ganar almas para Cristo.

Asimismo, quiero mostrar mi gratitud a todos los que han hecho posible este libro; quienes me ayudaron en la realización del libro mediante sus oraciones, consejos, apoyo, ayuda y tiempo. Aprecio la ayuda de evangelistas, pastores, maestros, familiares, amigos, transcriptores, traductores, y simplemente a todos los que han invertido en mi vida y mi ministerio.

Mucho de éste material para realizar este proyecto fue recibido a través de sermones, ilustraciones, historias, pensamientos e ideas de diferentes personas, a través de los años. Agradezco profundamente su amor y por invertir en mi vida y en las vidas de otros.

Es mi oración y deseo que éste libro sea de ayuda a los seguidores de Cristo para amar más al Señor, vivir para Jesús, y alcanzar más almas preciosas para el Señor Jesucristo.

Acerca del Autor

El Evangelista Darrell Ratcliff ha servido como misionero al país de México. También ha predicado llevando el Evangelio en diversos países del mundo. Dios le ha usado para alcanzar a multitudes de personas con el Evangelio; ha realizado campañas de avivamiento con la finalidad de que más personas conozcan de la salvación en Cristo, ayudando a establecer iglesias en el campo misionero. Además ha entrenado a más obreros, enseñando en las iglesias en cómo ser más efectivos en evangelismo.

Dios ha usado al Evangelista Darrell Ratcliff en diversas iglesias, conferencias, colegios cristianos e Institutos Bíblicos para enseñar, motivar y desafiar al pueblo de Dios a hacer más para la causa de Cristo, mostrando la importancia de alcanzar a otros para Cristo.

La oración y deseo del Evangelista Darrell Ratcliff para usted es que Dios le bendiga grandemente y que le use de una manera especial para cumplir con el mandato de nuestro Dios, alcanzando a más personas para el Señor Jesucristo.

Términos y Condiciones de Uso

Los términos y condiciones sobre el uso y distribución del presente libro, le permite a usted la libertad de copiar, distribuir, y usar cualquier parte de este libro mediante la dirección de nuestro Dios. Solamente por favor no cambie, ni edite, ni venda éste libro, con fines lucrativos.

Tenga en cuenta que éste libro ha sido creado y diseñado para la gloria del Señor y para el avance y distribución del Evangelio.

El Plan de Salvación

¡Hola! Mi nombre es _____. Nosotros somos cristianos y estamos invitando a las familias de esta comunidad a nuestra iglesia. ¿Cuál es su nombre? ¡Mucho gusto! ¿Está usted visitando alguna iglesia? Bueno, es un placer conocerle, y yo no quiero gastar todo su tiempo. Una persona me explicó cómo yo podía ir al cielo, y esto cambió mi vida. Esta persona me dijo que Jesús me ama y que Él murió por mí para llevarme al cielo. Mi amigo, Jesús le ama a usted también. Él murió por usted para llevarle al cielo. ¿Sabe usted si muriera hoy (espero que no, espero que viva por mucho tiempo, pero sabe usted si muriera hoy), si iría al cielo?

La Biblia dice en 1 Juan 5:13: "Estas cosas os he escrito a vosotros que creéis en el nombre del Hijo de Dios, para que sepáis que tenéis vida eterna, y para que creáis en el nombre del Hijo de Dios".

Hay cuatro cosas que debemos saber para ir al cielo:

Número 1: Todas las personas en el mundo somos pecadores. Romanos 3:23 dice: "Por cuanto todos pecaron, y están destituidos de la gloria de Dios". Yo no soy perfecto. Yo he pecado. ¿Es usted perfecto, o ha pecado? Si, todas las personas en el mundo somos pecadores. Aparte de Jesucristo, no hay ninguna excepción.

Número 2: Hay un precio por nuestros pecados. La Biblia dice en Romanos 6:23: "Porque la paga del pecado es muerte". La muerte no es solamente la muerte física, sino también una muerte segunda - en el lago de fuego para siempre. La Biblia dice en Apocalipsis 20:14: "Y la muerte y el Hades fueron lanzados al lago de fuego. Esta es la muerte segunda". No es agradable, pero es el precio por mis pecados, y por sus pecados.

Número 3: Es muy buena noticia. La Biblia dice en Romanos 5:8: "Mas Dios muestra su amor para con nosotros, en que siendo aún pecadores, Cristo murió por nosotros". En otras palabras, Cristo murió para perdonar nuestros pecados, y para salvarnos del infierno y para llevarnos al cielo. Tres días después de la muerte de Jesús, Él resucitó. Jesucristo murió en la cruz para perdonar todos sus pecados y para salvarlo del infierno.

Juan 3:16 dice: "Porque de tal manera amó Dios al mundo, que ha dado a su Hijo unigénito, para que todo aquel que en él cree, no se pierda, mas tenga vida eterna".

Número 4: La Biblia dice: "Mas la dádiva de Dios es vida eterna en Cristo Jesús Señor nuestro". Note cómo usted puede recibir la vida eterna: "en Cristo Jesús Señor nuestro". No es por unirse a una iglesia, o por hacer buenas obras. Son buenas cosas, pero no son el camino para ir al cielo. Jesucristo dice en la Biblia: "Yo soy el camino, y la verdad, y la vida; nadie viene al

Padre, sino por Mí". Jesucristo es el único camino al cielo. Cristo murió en la cruz para darle vida eterna; la vida eterna es gratis para usted. Solo necesita aceptar a Jesucristo en su corazón, poniendo toda su fe y su confianza solo en Él para ir al cielo.

Ahora, quiero hacerle unas preguntas: ¿Cuántas veces Jesucristo nació en la tierra? (Una vez.) ¿Cuantas veces Jesucristo murió? (Una vez.) ¿Cuántas veces Jesucristo se levantó de entre los muertos? (Una vez.) Entonces, ¿cuántas veces usted necesita invitar a Jesucristo en su corazón para ir al cielo? (Una vez.)

Vamos a repasar. ¿Entiende que todos somos pecadores? (Sí.) ¿Entiende que el precio por nuestros pecados es el infierno? (Sí.) ¿Entiende que Cristo murió en la cruz para salvarle del infierno? (Sí.) ¿Entiende que el único camino a la gloria es confiar solamente en Cristo Jesús para ir al cielo? (Sí.)

Muy bien. Esto es muy importante. La Biblia dice: "Porque todo aquel que invocare el nombre del Señor, será salvo". ¡Será salvo! ¡Es una promesa de Jesucristo! En otras palabras, usted no irá al infierno para siempre, pero si va a la gloria para siempre. ¿Puede ir Jesucristo al infierno para siempre? ¡No! ¡Él está en la gloria! Y con Jesucristo en su corazón, ¿a dónde irá cuando usted muera? Sí – al cielo.

Jesús le ama y quiere recibirle a usted. Usted quiere recibir a Jesucristo para ir al cielo, ¿verdad? (y/o) Usted quiere

9

invitar a Jesucristo en su corazón y confiar solo en Él para ir al cielo, ¿verdad?

Ahora, quiero orar por usted. "Querido Dios, gracias por este día. Por favor, ayuda a (mi amigo)_____ para que invite a Jesucristo en su corazón para ir al cielo." Ahora, Jesús quiere entrar en su corazón, pero usted necesita invitar a Jesucristo en su corazón. Por favor, repita esta oración, pero el camino a la gloria no es solo la oración. Es confiar en Jesucristo para salvarle. Repita esta oración, por favor:

"Señor Jesús, Sé que soy pecador. Por favor perdóname todos mis pecados, sálvame del infierno, y llévame al cielo. Te invito a entrar en mi corazón. Yo confío en Ti solamente por mi salvación. Gracias, Jesús, por entrar en mi corazón. En el nombre de Cristo, Amén".

¿Confió sinceramente en Cristo Jesús y le aceptó como su Salvador? (Sí.) ¡Muy bien! Es muy importante. Ahora, ¿a dónde invitó usted a Jesucristo? Si, en su corazón. Y ¿por cuánto tiempo estará Cristo en su corazón – por un día, o para siempre? ¡Para siempre! Entonces, si Jesucristo está en su corazón, y está ahí para siempre, cuando usted muera, ¿a dónde iría, al infierno, o a la gloria? ¡A la gloria! ¿Puede Jesucristo ir al infierno para siempre? ¡No! ¡Él está en la gloria! Y usted va al cielo para siempre también porque Jesucristo está en su corazón.

¿Cuántas veces usted necesita invitar a Jesucristo en su corazón? Una vez, ¿verdad? ¿Puede Jesucristo salir de su corazón? ¡No! ¡Nunca! ¡Él estará ahí para siempre! Entonces, si muriera en diez años, ¿a dónde iría, al infierno o a la gloria? ¡A la gloria! ¿Por qué? Porque Jesús está en su corazón para siempre. ¿Usted es perfecto hoy? No, pero Jesucristo murió por todos sus pecados y Él está en su corazón para siempre.

¡Muchas gracias por su tiempo! Jesús dice en la Biblia: "Yo soy el camino, y la verdad, y la vida". Jesús es el único camino a la gloria.

(**NOTA**: Si la persona a la cual usted le está presentando el Evangelio, le hace cualquier pregunta, usted puede contestarle así: "Es una buena pregunta, pero ¿puedo contestarla cuando termine con esto? ¿Sí?")

Ayuda para ganar almas:

1. Sonría, sea amable, y sea positivo.

2. Vaya creyendo que la gente va a recibir a Cristo.

3. "Rebote la pelota tres veces". Esto significa que debe intentar de compartir el Evangelio con la persona por lo menos tres veces, a pesar de que la persona ponga excusas (usted debe intentarlo pero con amor y amabilidad). Recuerde la nota de arriba.

4. Comparta el evangelio en forma de su testimonio. (Por ejemplo: "Una persona me explicó que Dios me amaba y quería que yo fuera al cielo. Él me explicó que todos

somos pecadores..." y continúe dando el plan de salvación en forma de testimonio.)

5. Use versículos para explicarles la seguridad de la salvación. (Romanos 10:13, Juan 3:16, Juan 6:47, Juan 1:12, Juan 5:24, 1 Juan 5:11-13, Juan 3:36)

La Invitación

Yo doy una invitación pública más o menos así:

Mis amigos, yo le dije a Jesucristo: "Por favor, entra en mi corazón, perdóname todos mis pecados, sálvame del infierno, y llévame al cielo". Entonces Jesús entró en mi corazón. Jesús les ama muchísimo. Él murió para llevarles al cielo. Usted solamente necesita decir: "Señor Jesús, por favor entra en mi corazón y llévame al cielo". Y Jesús entrará en su corazón.

En este momento yo quiero hacer algo que he hecho con muchas personas. Yo quiero guiarle en una oración pequeña y especial, en la que usted puede decirle: "Señor Jesús, por favor entra en mi corazón, perdóname todos mis pecados, sálvame del infierno, y llévame al cielo". Y Jesús va a entrar en su corazón.

Entonces por favor repita esta oración conmigo. Todos repitan conmigo. Niños, jóvenes, adultos, repitan esta oración: "Señor Jesús". Así es. Todos conmigo: "Señor Jesús, por favor entra en mi corazón. Perdóname todos mis pecados. Sálvame del infierno, y llévame al cielo. Yo creo y confío que moriste por mí, para llevarme al cielo. Gracias, Jesús, por entrar en mi corazón. Gracias, Jesús, por salvarme del infierno. Te acepto en mi corazón para ir al cielo. En el nombre de Jesús. Amén".

Mis amigos, ¿quién está aceptando a Jesucristo en su corazón para ir al cielo? Levante su mano bien alto, por favor. Dios les bendiga. ¿Quién más está aceptando a Jesucristo en su corazón para ir al cielo? Levante su mano bien alto, por favor. Dios les bendiga. Muchas gracias.

Mis amigos, cuando aceptamos a Jesucristo en nuestro corazón, ¿a dónde vamos? ¿Al infierno o al cielo? ¡Al cielo! Y ¿quién va a llevarnos al cielo? El Señor Jesucristo. ¿Quién está en nuestros corazones para llevarnos al cielo? El Señor Jesucristo.

Capítulo 1

¿Cómo Podemos Amar al Mundo?

Vamos a ver un pasaje muy conocido de la Biblia. Si solo tuviera un versículo para compartir con alguien que no sea salvo, este sería el versículo. Probablemente usted podría recitar este versículo de memoria. Tal vez usted ya lo sabe de memoria. Juan 3:16. La Biblia dice, (y Jesús hablando): "Porque de tal manera amó Dios al mundo, que ha dado a su Hijo unigénito, para que todo aquel que en él cree, no se pierda, mas tenga vida eterna". ¡Qué gran versículo! "Porque de tal manera amó Dios al mundo, que ha dado a su Hijo unigénito, para que todo aquel que en él cree, no se pierda, mas tenga vida eterna".

Todavía me maravilla el hecho de que Jesús me ama. Todavía me maravilla el hecho de que Jesús murió en una cruz para salvarme del Infierno y darme un lugar en la gloria del Cielo. Por eso quiero pasarme la vida trayendo gloria y honor al Rey de reyes. Pablo dijo: "Porque para mí el vivir es Cristo, y el morir es ganancia". Él dijo: "Cuando muera, voy a estar con Jesús, pero mientras viva, voy a vivir para el Rey de reyes". Creo que ese es el deseo de nuestro corazón. En lo más profundo de nuestros corazones, queremos vivir para Jesús. Investigaremos este gran tema, acerca de cómo ama Dios al mundo, tanto que Él le dio a Su Hijo unigénito.

Me senté en una clase en Hyles-Anderson College. El profesor era Dr. Heidenreich. Nunca olvidaré al Dr. Heidenreich. Él siempre estaba llorando y llorando en la clase porque él apenas había regresado de las Filipinas, y su corazón estaba todavía quebrantado por las personas de las filipinas. Él era un gran hombre de Dios. Nunca olvidaré un día de su clase, mientras él estaba llorando, él hizo una declaración. Fue de hecho una pregunta que él se había preguntado, y es el título de este mensaje. "¿Cómo puedo amar al mundo?" Yo le pregunto: ¿Cómo puede usted amar al mundo? ¿Cómo podemos amar al mundo? ¿Ha pensado usted alguna vez acerca de esto? ¿Qué puedo hacer para hacer una diferencia en este mundo? ¿Cómo puedo amar a este mundo?

Quizá, en el pasado hemos visto en la televisión de como crecía algún niño de África. El estómago del niño está todo hinchado, hay moscas en todo su alrededor, y su corazón se quebranta y conmueve por ese niño, ¿verdad? Usted desea tener algo de comida y poder dársela a ese jovencito para ayudarlo. ¿Es esta una forma de amar al mundo, alimentar a los pobres? Creo que sí. Creo que debemos hacer esto.

¿Debemos ir a las prisiones donde hay personas que crecieron en casas donde había drogas, alcohol, y toda clase de problemas en la casa, y ellos eventualmente están en una celda de la prisión;

debemos ir allá a esas prisiones y educar a esos hombres o esas mujeres para que cuando salgan de prisión que puedan ser ciudadanos productivos? ¿Es esta una forma de amar al mundo? Creo que sí. Creo que debemos hacer esto.

¿Debemos ir a los orfanatorios, y amar a esos jovencitos que están allí, y enseñarles matemáticas y temas diferentes para que un día ellos puedan crecer y puedan ser ciudadanos productivos? ¿Es esta una forma de amar al mundo? Creo que sí. Creo que debemos hacer esto.

¿Debemos ofrecer consejo para los matrimonios? Es un hecho triste, pero el divorcio es tan desenfrenado entre cristianos como en el mundo. Ahora, si alguien ha pasado por un divorcio, Dios puede perdonarle, y debe seguir adelante, pero, no debemos tener la misma tasa de divorcios como el mundo. Eso no debe estar ocurriendo. ¿Debemos tener enseñanzas especiales y cursos prácticos para que las personas puedan aprender principios, que les ayudarán a tener matrimonios buenos? ¿Es esa una forma de amar al mundo? Creo que sí. Creo que debemos hacer esto.

¿Debemos tener programas especiales, para que las personas puedan dejar esas drogas a las que son muy adictas, o al vino, o al alcohol, o a la cerveza? ¿Debemos tener programas especiales para que esas personas puedan tener la victoria sobre esas adicciones? ¿Es esa una forma de amar al mundo? Creo que sí. Creo que debemos hacer esto.

¿Debemos tener doctores o investigadores, para que encuentren curas para enfermedades terminales? ¿Es esa una forma de amar al mundo? Creo que sí. Creo que debemos hacer esto. La mamá de mi esposa murió porque tuvo cáncer. ¿Debemos tener los investigadores que encuentren curas para esos problemas, como cáncer? ¿Es esa una forma de amar al mundo? Creo que sí. Creo que debemos hacer esto.

Supongamos que usted tiene una enfermedad mortal, y está destruyendo su cuerpo. Va a matarlo. De repente se entera que estoy en la ciudad, y que soy un doctor famoso, y que tengo la cura para su enfermedad en particular. Usted haría cualquier cosa para que pudiera para llegar hasta donde yo estoy, ¿sí? No le importaría lo que su familia pensara. No le importaría lo que alguien pensara, porque sabría que tengo la cura para su enfermedad terminal.

Por favor preste mucha atención. Todos nosotros tenemos una enfermedad mortal, y se llama pecado. La Biblia dice: "Por cuanto todos pecaron, y están destituidos de la gloria de Dios". La Biblia dice: "Mas Dios muestra su amor para con nosotros, en que siendo aún pecadores, Cristo murió por nosotros". "Como está escrito: No hay justo, ni aun uno; No hay quien entienda. No hay quien busque a Dios". Nosotros somos culpables de pecado. Pero, hay una sola cura para esta enfermedad mortal – es Jesucristo. ¿Cómo podemos amar al mundo? Dándole a Jesús. ¿Cómo puede amar usted al mundo? Dándole a Jesús. ¿Cómo

18

podemos amar al mundo? Dándole a Jesús. "Porque de tal manera amó Dios al mundo, que ha dado a su Hijo unigénito…" Así es cómo Dios nos amó: Él nos dio a Jesús. Mire, esos niños y niñas, esos jóvenes, esos mamás y papás que viven cerca de nosotros – ¿cómo podemos amar a esas personas? Dándoles a Jesús. ¿Cómo podemos amar a las personas que están en las prisiones? Dándoles a Jesús. Si solo doy alimento a alguien y no le cuento sobre Cristo, he actuado injustamente, porque se irá al infierno con un estómago lleno. ¿Cómo podemos amar al mundo? Dándole a Jesús.

Usted puede decir: ¿Cómo les damos a Jesús? Simplemente hábleles sobre Cristo. La Biblia dice: "En esto consiste el amor: no en que nosotros hayamos amado a Dios, sino en que él nos amó a nosotros, y envió a su Hijo en propiciación por nuestros pecados". La Biblia dice: "Y en ningún otro hay salvación; porque no hay otro nombre bajo el cielo, dado a los hombres, en que podamos ser salvos". Jesús dijo: "Yo soy el camino, y la verdad, y la vida; nadie viene al Padre, sino por mí". ¡Jesús es el único camino a la gloria! ¡Mire, Buda todavía está en la tumba, pero Jesús se levantó de la tumba! ¡Confucio todavía está en la tumba, pero Jesús se levantó de la tumba! ¡Mahoma todavía está en la tumba, pero Jesús resucitó de los muertos! ¡Gracias a Dios, le sirvo a un Salvador vivo! Así es cómo podemos amar a este mundo: podemos darle a Jesús, hablándole sobre Cristo.

Pienso acerca de Jesús en el huerto de Getsemaní. La Biblia dice que Él oraba estando en tanta agonía, que Él sudaba como grandes gotas de sangre. Al levantarse de allí, una multitud lo encontró. Como la Biblia dice, golpearon al Pastor, y las ovejas se dispersaron. Golpearon a Jesús, y los discípulos lo abandonaron. Fue llevado a un lugar donde le sometieron a juicio. Hicieron acusaciones falsas en contra de Él. Pusieron una corona de espinas sobre Su frente y tomaron el látigo de nueve colas, y golpearon Su espalda. Pusieron una venda en Sus ojos y le pegaron y dijeron: "¿Quién te golpeó, Jesús? ¿Quién le pega?" Piense en esto: Jesús pudiera haber llamado a miles de ángeles para destruirles. ¿Pero sabe por qué Él no lo hizo? La razón era nosotros. "Porque de tal manera amó Dios al mundo, que ha dado a su Hijo unigénito…". Jesús dio su vida por usted. Usted es alguien. Usted es único. Usted es especial.

Después lo trajeron a Gólgota, el Lugar de la Calavera. Martillaron los clavos en Sus manos, y en Sus pies. Recogieron esa vieja cruz, y ellos la dejaron caer en un hoyo en el suelo. Jesús sufrió, derramó su sangre y murió. ¿Por qué? Por usted, y por mí. "Porque de tal manera amó Dios al mundo, que ha dado a su Hijo unigénito". No hay otra manera para ir al Cielo. ¡Jesús es el camino! ¿Qué es lo máximo que ha ocurrido en nuestras vidas? Conocer a Jesús. Entonces le pregunto: ¿Qué es lo máximo que podemos hacer con nuestras vidas? ¡Contarles a las personas sobre Jesús! Dios nos amó así; y debemos amar a este mundo así, hablándoles a las personas sobre Cristo. ¿Cómo podemos amar al mundo? Dándole a Jesús, hablándole de Cristo.

También debemos advertirles a las personas sobre un lugar verdadero que se llama Infierno. Jesús dijo que en el Infierno "será el lloro y el crujir de dientes". Jesús dijo que la gente en el Infierno a gritos pide una gota de agua. Jesús contó una historia acerca de dos hombres que murieron. El hombre rico fue a la profundidad del Infierno, y Lázaro entró en el seno de Abraham. El hombre rico miró hacia arriba desde el Infierno y dijo: "Padre Abraham, ten misericordia de mí, y envía a Lázaro para que moje la punta de su dedo en agua, y refresque mi lengua; porque estoy atormentado en esta llama". Hay tanto dolor y fuego en el Infierno que él gritó por sola una gota de agua. El Infierno es un lugar donde gritarán por toda la eternidad. Abraham le dijo: "Hijo, tú tuviste tu oportunidad. Rechazaste a Dios. Rechazaste a Jesús. Ahora te quemarás por siempre". ¡Él dijo: "Espera un momento! ¡Tengo algunos hermanos que están todavía vivos! ¡Alguien, vaya y cuénteles sobre Jesús!" Hay personas en el Infierno diciendo: "Vaya y diga a mi mamá que no venga a este lugar. Vaya a decirle a mi papá que no venga a este lugar. ¡Vaya a decirles a mis niños que no vengan a este lugar, porque me estoy quemando, y esto es para siempre, y siempre, y siempre!" Hay un lugar verdadero llamado Infierno. Es terrible. No quiero que mi familia vaya allá. No quiere que su familia vaya allá. Por eso es que tenemos que amar a este mundo, y hablarles a las personas sobre Jesús, porque hay un lugar verdadero llamado Infierno.

¿Cómo podemos amar al mundo? Dándole a Jesús, hablándole sobre Jesús, hablándole sobre el Infierno, y (esto me encanta) hablémosle sobre el Cielo. Jesús dijo: "No se turbe vuestro corazón; creéis en Dios, creed también en mí. En la casa de mi Padre muchas moradas hay; si así no fuera, yo os lo hubiera dicho; voy, pues, a preparar lugar para vosotros. Y si me fuere y os preparare lugar, vendré otra vez, y os tomaré a mí mismo, para que donde yo estoy, vosotros también estéis".

Una noche, un predicador iba a una iglesia, y el Espíritu Santo le habló a su corazón esa noche y le dijo: "Quiero que prediques sobre el Infierno esta noche". Por supuesto, cuándo el Espíritu Santo le habla a su corazón, usted debe hacer lo que Él dice, ¿verdad? Cuando el predicador llegó a la iglesia esa noche, él predicó un mensaje acerca del Infierno. Cuando él dio la invitación esa noche, una muchacha de 19 años de edad le dio su bebé a alguien que estaba sentado cerca de ella, salió de su asiento, caminó al frente de la iglesia, y con lágrimas corriendo por su cara, ella le pidió a Jesús que la salvara. ¡Oh, qué noche fue esa! El predicador fue a felicitarla por aceptar a Cristo como su Salvador. Ella dijo: "Predicador, déjeme contarle mi historia. Yo era una atea. Mis padres fueron ateos. Pero hay algunas personas en mi trabajo que me rogaron que viniera a la iglesia". (A propósito, no pierda la esperanza con las personas que son duras a quienes usted está testificando. ¡No pierda las esperanzas con ellas! Siga invitándolas a la iglesia. ¡Siga hablándoles sobre Jesús!) Ella decidió ir a la iglesia solo una vez. Pero ella se puso a pensar: ¿Qué pasaría si el Cielo y el Infierno fueran reales en verdad? Si son reales, 'Dios, hizo que el predicador predicara acerca del Infierno esa noche'. Y el predicador lo hizo, y ella fue salva esa noche. Eso fue el miércoles en la noche.

El viernes por la noche, ella estaba manejando en la carretera. Era una noche lluviosa; había truenos y relámpagos en todo alrededor de ella. Venía un semirremolque en la dirección opuesta, que viajaba cerca de 95 kilómetros por hora. Ella estaba manejando a la misma velocidad, cuando, de repente, su coche comenzó a resbalar. ¡Su auto deslizó en la misma dirección de ese remolque! Los vehículos chocaron, y ella murió al instante. Me pregunto, qué pensó ella cuándo se despertó en un lugar, en el que ella sólo había creído por dos días. ¿Notó eso? ¡Me pregunto qué fue lo que ella pensó cuándo se despertó en un lugar en el que ella sólo había creído por dos días! Creo que ella gritaba: "¡Estoy tan feliz porque confié en Jesús como mi Salvador! ¡Estoy tan contenta porque el Cielo es mi hogar!"

Siempre debemos recordar que no hay nada mejor que ir al cielo algún día. Estoy anticipando ver esas calles de oro. Estoy anticipando ver esas paredes de jaspe. Estoy anticipando ver ese mar de cristal. Estoy anticipando estar en un lugar sin dolor, sin pesar, y sin problemas. Estoy anticipando estar en el lugar bello, que es llamado el Cielo. Estoy anticipando la cena de la boda del Cordero. Usted está leyendo de un hombre que le gusta comer. ¿Sabe qué? Me encantan los tamales. Me encanta el guacamole. Me encantan los frijoles. Me encanta la carne asada. Me encanta toda la comida Mexicana, excepto el chile. ¿Sabe qué? Me encantan los postres. Me encanta la nieve. Me encanta la nieve de fresa. Me encanta la nieve de vainilla. Me encanta la nieve de chocolate. Me encantan todos los tipos de nieve. (Alguien diga: "¡Amen!") Esta es buena predicación, ¿verdad? Pero aunque me estoy anticipando a toda esta comida en el Cielo, a un lugar donde no hay más daño, ni dolor, y esas calles de oro, la mayor cosa del Cielo será inclinarme ante el Señor Jesucristo y decir: "¡Usted es digno!" Cualquier corona que pude haber ganado en esta tierra, la podré lanzar a los pies del Salvador y podré decir: "¡Usted es digno! ¡Usted es digno! ¡Usted es El que dio Su vida por mí!" ¡Qué día será cuándo veré a mi Jesús, cuando veré Su cara, El que me salvó por Su gracia! ¡Estoy anticipando ese día cuando voy a poder ver a Jesús en Cielo! ¡Eso va a ser maravilloso!

Entonces, ¿cómo podemos amar el mundo? Dándole a Jesús, hablándole sobre El, hablándole sobre el Infierno, y hablándole sobre el Cielo. Debemos alimentar a los pobres, pero tenemos que hablarles sobre Cristo. Debemos tener doctores y hospitales, pero tenemos que hablarles acerca de Cristo. Debemos dar, pero debemos dar con el propósito de ver a las personas aceptar a

Cristo como su Salvador. ¿Cómo podemos usted y yo amar al mundo? Dándole a Jesús. Mi amigo, ¡Tenemos que hacerlo!

Terminaré con esta historia. Había un misionero que fue a una tribu de indios paganos. Él le pidió permiso al jefe para predicar de la Biblia, la Palabra de Dios. El jefe dijo: "Adelante, Misionero. Haga lo que usted quiera". El misionero organizó una reunión. La primera noche de la reunión, muchos de la tribu llegaron a oír al misionero predicar. El jefe de la tribu fue esa noche y se sentó en una banca en la parte de atrás. Por supuesto, el misionero predicaba el Evangelio: "La Biblia dice: 'Por cuanto todos pecaron, y están destituidos de la gloria de Dios'". Ese jefe se sentó allí y se dijo a sí mismo: "Sé que soy un pecador. Sé que soy un hombre malvado". El misionero dijo: "La Biblia dice: 'Porque la paga del pecado es muerte. Y la muerte y el Hades fueron lanzados al lago de fuego. Esta es la muerte segunda'". Ese jefe se sentó allí y se dijo a sí mismo: "Si Dios me diera lo que merezco, por mi mala vida, sé que merecería ir al infierno". Pero entonces el misionero le dijo las más maravillosas noticias de todo: "Porque de tal manera amó Dios al mundo, que ha dado a su Hijo unigénito, para que todo aquel que en él cree, no se pierda, mas tenga vida eterna". Ese jefe se asombró por el hecho que Dios le amó y envió a Su Hijo a morir por él. El misionero dijo: "La Biblia dice: 'Porque todo aquel que invocare el nombre del Señor, será salvo'". El misionero dio la invitación. Muchos caminaban adelante para aceptar a Cristo como su Salvador. Ese jefe se levantó de su asiento, caminó por el pasillo, y con lágrimas en sus ojos, él le pidió a Cristo que le salvara. ¡Qué día fue ese!

A propósito, si usted no sabe con seguridad que va a ir al Cielo, usted debe decir: "Jesús, entre en mi corazón, perdóneme de mis pecados, y sálveme del Infierno. Amén". ¡Jesús lo hará este día! ¡No salga a ningún lado sin antes hacerlo! Usted no tiene garantizado el día de mañana.

El misionero estaba muy emocionado porque el jefe había aceptado a Jesucristo como su Salvador. Entonces, el jefe le dijo: "Déjeme hacerle una pregunta, misionero. ¿Hace cuantos años murió Jesús? ¿Fue hace quince años?"

El misionero respondió: "No, señor. Fue más tiempo que eso".

El jefe empezó a llorar y dijo: "Hace quince años murió mi hijo. Él está en el Infierno ahora mismo. ¿Por qué no vino alguien y le habló a mi hijo sobre Jesús? ¿Hace cuantos años fue eso, Misionero? ¿Fue hace treinta años?"

El misionero respondió: "No, señor. Fue más tiempo que eso".

El jefe dijo: "Hace treinta años, mi mamá murió. Ella está en el Infierno ahora mismo. ¿Por qué no vino alguien y le habló a mi mamá sobre Jesús? ¿Hace cuántas años fue eso?"

El misionero respondió: "Hace como dos mil años".

Dios, perdónenos para no llevar el Evangelio a todo el mundo. Y Dios, ayúdenos a hacerlo. Por favor présteme atención. No quiero que alguien en el futuro me diga: "¿Por qué no fue usted a México y le habló a mi familia sobre Jesús?" No quiero que alguien en el futuro diga: "Personas de la iglesia, ¿por qué no le hablaron a mi hijo sobre Jesús? Oiga, personas de la iglesia, ¿por qué no le hablaron a mi mamá sobre Jesús? ¿Por qué no le habló usted a mi familia sobre Jesús?"

Entonces, ¿usted va a decidir?: "Quiero hacer más para hablarles a otras personas acerca de Jesús". Hay personas afuera que quieren aceptar a Jesucristo como su Salvador, y nosotros necesitamos ir y hablarles acerca de Cristo. Entonces, ¡hagámoslo!

Quizá usted está diciendo: "Yo nunca antes he pedido a Jesús que entre en mi corazón. No estoy seguro de ir al Cielo, pero ahora mismo yo acepto a Jesucristo en mi corazón para llevarme a la gloria un día".

Si es así, por favor repita esta oración y dígale a Jesucristo que usted está confiando solo en El para su salvación.

Diga esta oración por favor: "Señor Jesús, por favor entra en mi corazón y vida. Perdóname todos mis pecados. Sálvame del infierno, y llévame al cielo. Yo confío que moriste por mí en la cruz para llevarme al cielo. Gracias, Jesús, por entrar en mi corazón para llevarme al cielo. Amén".

Cuando confía en Jesucristo para llevarle al cielo, Jesús está en su corazón, y un día él va a llevarle al cielo.

27

Capítulo 2

¡Vamos a Pescar! (Parte 1)

En Mateo 4:19, (y el Señor Jesucristo está hablando), la Biblia dice: "Y les dijo: Venid en pos de mí, y os haré pescadores de hombres".

En Mateo 4:17-20, la Biblia dice: "Desde entonces comenzó Jesús a predicar, y a decir: Arrepentíos, porque el reino de los cielos se ha acercado. Andando Jesús junto al mar de Galilea, vio a dos hermanos, Simón, llamado Pedro, y Andrés su hermano, que echaban la red en el mar; porque eran pescadores. Y les dijo: Venid en pos de mí, y os haré pescadores de hombres. Ellos entonces, dejando al instante las redes, le siguieron".

Quiero que vea el versículo 20. "Ellos entonces, dejando al instante las redes, le siguieron". ¡Dejaron todo lo que tenían y siguieron a Jesús!

El Señor Jesucristo dice en Mateo 10:39: "El que halla su vida, la perderá; y el que pierde su vida por causa de mí, la hallará". La mejor forma de vivir es vivir para Jesús. El Apóstol Pablo dijo en Filipenses 1:21: "Porque para mí el vivir es Cristo, y el morir es ganancia".

A final de los años 1800s había una niña que se llamaba Eleanor Chestnut. Su madre murió cuando ella tenía nueve años, y su padre abandonó a la familia. Ella fue salva cuando era joven. Ella y sus dos hermanos fueron adoptados por diferentes parientes. Ella creció en terrible pobreza. Pero en su soledad, ella determinó, con la ayuda de Dios, servir al Señor, quien la amaba y que dio su vida por ella.

Ella decidió a ir a una universidad cristiana. En su último año un misionero que era médico dio una conferencia en el servicio. Ella fue llamada por el Espíritu Santo para estudiar medicina. Ella vivía en una época cuando era muy raro para una mujer estudiar esa profesión, pero ella lo hizo.

Finalmente, después de luchar mucho, logró conseguir su título médico. Ella fue al país de China. Esto fue antes de la Revolución Comunista. Ella sentía una carga por las personas de China, y se fue a ganarlas para Jesucristo.

En ese pueblo había un pobre trabajador que pertenecía a la peor clase de personas. Este trabajador tenía una pierna herida. Su pierna necesitaba amputación, si no él moriría de infección. Eleanor no tenía nada del equipo necesario para una amputación, y no había hospital cerca, pero para ella, él era un alma preciosa que esperaba ganar para el Señor Jesucristo.

Ella determinó ayudarlo. Ella tomó la última pequeña cantidad de anestesia que ella tenía y amputó su pierna. Ella no era cirujana, nunca antes había hecho una amputación.

Cuando iba a vender el muñón del hombre, no había calculado correctamente la medida de la piel, y no había suficiente para cubrir el muñón de la pierna amputada. Sin más anestesia disponible, ella tomó de debajo de su falda una pieza de piel que cortó de su propio muslo interior, y rápidamente la puso en el muñón de la pierna del hombre y la suturó. ¡Esto funcionó!

Después de esto, ella cojeó por días; sólo algunos de los sirvientes sabían por qué. Ella nunca lo dijo a nadie. Pero Dios la dejó tener la alegría de ganar a ese hombre al Señor.

¡Qué gran ejemplo de compasión! ¡Qué valor ella tuvo!

En 1905 los comunistas empezaron su opresión a la gente. Mientras Eleanor cuidaba la herida de un joven en la calle, un soldado comunista tomó la parte extrema de su rifle y le aplastó la cabeza de ella, enviándola a la presencia de su Salvador, a quien tanto amaba y servía.

Tal vez usted no ha oído mucho acerca de Eleanor Chestnut; pero en el Cielo conocerá a esa señorita. Ella fue un ejemplo de espíritu de compasión.

Tenemos que tener compasión que hace una diferencia Ella era una pescadora de hombres. ¿Y usted? ¿Será un pescador de hombres?

Pienso en Pedro el discípulo, un gran pescador. Una vez, Jesús básicamente le dijo a Pedro, "Vamos a pescar". La Biblia dice en Lucas 5:1-10: "Aconteció que estando Jesús junto al lago de Genesaret, el gentío se agolpaba sobre él para oír la palabra de Dios. Y vio dos barcas que estaban cerca de la orilla del lago; y los pescadores, habiendo descendido de ellas, lavaban sus redes.

Y entrando en una de aquellas barcas, la cual era de Simón, le rogó que la apartase de tierra un poco; y sentándose, enseñaba desde la barca a la multitud. Cuando terminó de hablar, dijo a Simón: Boga mar adentro, y echad vuestras redes para pescar. Respondiendo Simón, le dijo: Maestro, toda la noche hemos estado trabajando, y nada hemos pescado; mas en tu palabra echaré la red. Y habiéndolo hecho, encerraron gran cantidad de peces, y su red se rompía. Entonces hicieron señas a los compañeros que estaban en la otra barca, para que viniesen a ayudarles; y vinieron, y llenaron ambas barcas, de tal manera que se hundían. Viendo esto Simón Pedro, cayó de rodillas ante Jesús, diciendo: Apártate de mí, Señor, porque soy hombre pecador. Porque por la pesca que habían hecho, el temor se había apoderado de él, y de todos los que estaban con él, y asimismo de Jacobo y Juan, hijos de Zebedeo, que eran compañeros de Simón. Pero Jesús dijo a Simón: No temas; desde ahora serás pescador de hombres".

Cuando Jesús dijo: "Echad vuestras redes para pescar", atraparon muchos peces. Luego Jesús dijo: "Quiero que seas un pescador de hombres". Jesús hoy nos dice a nosotros: "Quiero que sean pescadores de hombres". Entonces, ¡vamos a pescar por Jesús! Tenemos que decir a las personas, a nuestras familias, a nuestros amigos, a nuestros vecinos, a nuestras ciudades y al mundo sobre Jesús.

Jesús dijo: "Id por todo el mundo y predicad el evangelio a toda criatura". (Marcos 16:15) "Por tanto, id, y haced discípulos a todas las naciones, bautizándolos en el nombre del Padre, y del Hijo, y del Espíritu Santo; enseñándoles que guarden todas las cosas que os he mandado; y he aquí yo estoy con vosotros todos los días, hasta el fin del mundo. Amén". (Mateo 28:19-20) "Ve por los caminos y por los vallados, y fuérzalos a entrar, para que se llene mi casa". (Lucas 14:23) "Pero recibiréis poder, cuando haya venido sobre vosotros el Espíritu Santo, y me seréis testigos en Jerusalén, en toda Judea, en Samaria, y hasta lo último de la tierra". (Hechos 1:8). En el libro de Hechos, dice: "Y todos los días, en el templo y por las casas, no cesaban de enseñar y predicar a Jesucristo". (Hechos 5:42)

¡Entonces, vamos a pescar por Jesús!

Pero, ¿somos pescadores sabios? La Biblia dice: "...el que gana almas es sabio". (Proverbios 11:30)

Quiero compartir con usted varias observaciones acerca de un pescador bueno o sabio.

1. Un buen pescador siempre está tratando de atrapar peces.

Un verdadero pescador no está allí solo para pasar un buen tiempo. Él quiere pescar (esto es algo serio). Cuándo voy a ganar almas, estoy observando, ¿dónde están los peces? ¡Seamos observadores!

En Juan capítulo 4, la Biblia dice que Jesús estaba en el camino de Judea para Galilea y tenía que atravesar por de Samaria. ¿Qué pasó en Samaria? Hubo una mujer que fue a un pozo y recibió a Jesús como su Salvador, y por su salvación muchos samaritanos de esa ciudad fueron a Jesús y fueron salvos. Estoy diciendo que cuando usted va a ganar almas, y cuándo va tocando de puerta en puerta, algunas veces usted pasa a un grupo de niños que están jugando cercas o un grupo de gente que está antes de llegar a una puerta, donde alguien tal vez si o tal vez no estará en casa. Debemos detenernos y hablarles sobre Jesús.

¡Vamos a pescar por Jesús!

2. Un buen pescador quiere atrapar a muchos peces.

Jesús fue a la cruz y dio Su vida para que nosotros podamos tener vida eterna. Después de que Jesús resucitó de los muertos, Él apareció a los discípulos varias veces. Una vez fue así: La Biblia dice en Juan 21:3-11: "Simón Pedro les dijo: Voy a pescar. Ellos le dijeron: Vamos nosotros también contigo. Fueron, y entraron en una barca; y aquella noche no pescaron nada. Cuando ya iba amaneciendo, se presentó Jesús en la playa; mas los discípulos no sabían que era Jesús. Y les dijo: Hijitos, ¿tenéis algo de comer? Le respondieron: No. El les dijo: Echad la red a la derecha de la barca, y hallaréis. Entonces la echaron, y ya no la podían sacar, por la gran cantidad de peces. Entonces aquel discípulo a quien

Jesús amaba dijo a Pedro: ¡Es el Señor! Simón Pedro, cuando oyó que era el Señor, se ciñó la ropa (porque se había despojado de ella), y se echó al mar. Y los otros discípulos vinieron con la barca, arrastrando la red de peces, pues no distaban de tierra sino como doscientos codos. Al descender a tierra, vieron brasas puestas, y un pez encima de ellas, y pan. Jesús les dijo: Traed de los peces que acabáis de pescar. Subió Simón Pedro, y sacó la red a tierra, llena de grandes peces, ciento cincuenta y tres; y aun siendo tantos, la red no se rompió".

La Biblia dice que cuando escucharon a Jesús y lanzaron la red en el lado correcto, ellos no pudieron jalarla, por la multitud de peces que había en la red. Cuando nosotros escuchamos a Jesús y honramos a Jesús, atraparemos a una multitud de peces. Estoy hablando de las almas de hombres, mujeres, niños y niñas. Jesús dijo: "Y yo, si fuere levantado de la tierra, a todos atraeré a mí mismo". (Juan 12:32) En Lucas 5, cuando Jesús les dijo a ellos que lanzaran sus redes en el agua, también atraparon a una multitud de peces ese día. ¿Qué estoy diciendo? Jesús quiere que nosotros alcancemos a las multitudes de personas con el Evangelio. 2 Pedro 3:9 dice: "El Señor no retarda su promesa, según algunos la tienen por tardanza, sino que es paciente para con nosotros, no queriendo que ninguno perezca, sino que todos procedan al arrepentimiento".

¿Cuántas personas fueron salvas en el día de Pentecostés? Fueron cerca de 3,000 almas. ¿Cuántas personas fueron salvas luego en Hechos 4:4? La Biblia dice que aproximadamente fueron 5,000 hombres. También me pregunto cuántas mujeres, niños, y niñas también fueron salvos en ese día. ¿Qué estoy diciendo? Estoy diciendo que debemos continuar ganando almas personalmente, pero también debemos evangelizar a grandes grupos de personas. Dios todavía puede hacer eso, mi amigo. Cuando fui a las Filipinas, hablamos en las escuelas, universidades, prisiones, y en otros lugares y acerca de 47,000 personas fueron salvas. Entonces, Dios todavía puede hacerlo. La Biblia dice en Lucas 1:37: "Porque nada hay imposible para Dios". Nuestro Dios puede hacerlo.

¡Sea observador! Cuando salga a ganar almas, cuando vaya tocando de puerta en puerta, busque a grupos de gente. Vaya y hábleles sobre Jesús. Creo que si usted lo hace, ganaría a más personas para Jesús.

¡Vamos a pescar por Jesús!

3. Un buen pescador usa la carnada correcta.

¿Cuál es la carnada correcta? Es el Evangelio de Jesucristo.

¿Cómo presentamos el Evangelio? ¿Con el poder de Dios, o con nuestra fuerza? ¿Con amor, o con resentimiento? ¿Con una sonrisa, o con mal humor? ¿Con bondad, o con rudeza? ¿Con una actitud positiva, o con una actitud negativa?

Romanos 12:21 dice: "No seas vencido de lo malo, sino vence con el bien el mal".

Mateo 10:16b dice: "Sed, pues, prudentes como serpientes, y sencillos como palomas".

Gálatas 5:22-23 dice: "Mas el fruto del Espíritu es amor, gozo, paz, paciencia, benignidad, bondad, fe, mansedumbre, templanza; contra tales cosas no hay ley".

¡Vamos a pescar por Jesús!

4. Un buen pescador pesca en los mejores lugares.

Por ejemplo, un buen pescador conoce los lugares donde hay peces, en otras palabras, los lugares populares, en qué parte del lago, la parte más profunda, o dondequiera. Él estudia cuales son los sitios más frecuentados. ¿Usted ha estudiado o ha notado dónde están los peces o las personas? ¿A dónde van las personas? ¿Dónde están las personas? Por supuesto, hay gente en todos lados, pero, ¿dónde puede atrapar a grupos o a montones de gente? Por ejemplo: En los parques, en diferentes eventos deportivos, en las tiendas, en los mercados, fuera de sus casas por la noche, en las calles, en las prisiones, en los asilos de ancianos, de casa en casa, en las escuelas, etcétera. Las personas están en todos lados, pero piense dónde serían los mejores lugares para ganar a las personas para el Señor.

Hay ciertos lugares donde hay peces, pero son más difíciles de atrapar. En ciertas partes de una ciudad, las personas no son muy receptivas; no están abiertas al Evangelio. Por supuesto, debemos predicar el Evangelio a cada criatura, pero creo que debemos poner la mayoría de nuestro esfuerzo en esas áreas, donde son más abiertas. Jesús dijo: "Y si alguno no os recibiere, ni oyere vuestras palabras, salid de aquella casa o ciudad, y sacudid el polvo de vuestros pies". (Mateo 10:14) Por supuesto, sea un buen cristiano, sea amable y sea bondadoso para dejar la puerta abierta, para que alguien más pueda hablar con ellos acerca del Señor. Ore para que sean salvos. ¿Qué estoy diciendo? Busque los mejores lugares para ganar a las personas al Señor.

¡Vamos a pescar por Jesús!

5. Un buen pescador pesca durante los mejores tiempos del día.

Por ejemplo, hay ciertas horas en el día, que nos cuesta menos esfuerzo enganchar a los peces. También, en ciertas horas del día, los peces van a cierto lugar. Así que el punto previo y este punto algunas veces van juntos. Por ejemplo: en cierta estación del año, los peces van a un cierto lugar para reproducirse. Éste es un buen tiempo para pescar. Aun los osos y otros animales van a estos lugares donde están los peces en esa cierta temporada para pescar. Creo que hay ciertas horas del día cuando usted puede ver a más personas ser salvas. Me gusta ir a ganar almas en las horas más productivas del día. Aun Hollywood comprende este principio sobre los mejores horarios del día. Por ejemplo, me gusta ir a ganar almas en las tardes, las noches, o después del anochecer. ¿Por qué? Porque las personas ya han salido de la escuela, han terminado con su trabajo del día, algunas veces están más relajadas. Muchas veces veo grupos de gente, familias, y personas afuera, solo hablando y relajándose. He aprendido que ese tiempo es mejor para ganar almas, porque puedo alcanzar a más personas al menos tiempo.

Ciertas temporadas del año pueden ser más productivas, también. Durante la navidad, les digo a las personas acerca del nacimiento de Jesús y de cuánto nos ama que dio Su vida por nosotros. Muchas personas aceptan a Cristo. Recuerde, un buen pescador pesca en los mejores tiempos. La Biblia dice que debemos "aprovechar bien el tiempo". (Efesios 5:16) La Biblia dice: "He aquí ahora el tiempo aceptable; he aquí ahora el día de salvación". (2 Corintios 6:2b) Jesús dice: "Alzad vuestros ojos y mirad los campos, porque ya están blancos para la siega". (John 4:35)

¡Vamos a pescar por Jesús!

Usted necesita compasión que haga una diferencia; necesita una compasión por las almas que lo ponga en tanta tortura, en tanta agonía, en tanta angustia por ellos que están en al camino al Infierno, que le dice a Dios: "Cualquier cosa, cualquier costo, cualquier cantidad, cualquier oración, cualquier sacrificio, cualquier cosa. ¡Dios, sólo dame almas salvas!" Como un predicador dijo: "¡Dame almas, o no quiero vivir!"

Hay una ilustración clásica acerca de un misionero que fue a China, acompañado de su esposa y su niño de dos años de edad. Él trabajó muy duro de noche y de día; trabajó por más que diez años. Él contrajo tuberculosis, pero siguió trabajando. Finalmente tuvo que estar en cama por causa de la enfermedad. Entonces lo pusieron en un barco y lo mandaron a los Estados Unidos. Allí se quedó por más de dos años.

Luego, su denominación tuvo su convención anual. Le pidieron que expusiera dos veces, el día jueves para dar un informe acerca de China y el día viernes para el cierre de la convención, predicando acerca de misiones. El misionero se paró allí ante el gran gentío el día jueves y les contó la historia de China hasta que lloraron de emoción en frente a él.

Cuando él terminó, se movió hacia adelante. ¡Levantando sus manos y llorando dijo: "Hermanos y hermanas, mándenme otra vez a China! ¡Mándenme otra vez a China!"

Cuando el culto terminó, le rodearon y ellos le rogaron diciendo: "No puedes regresar. Te necesitamos aquí. Hay una gran iglesia llamándote a ser su pastor. Y queremos que seas encargado de misiones extranjeras. Quédate aquí. Tu esposa, tu niño y todos nosotros te necesitamos".

El respondió: "¡No! ¡Tengo que regresar a China!"

La noche del día viernes llegó. Otra vez el misionero predicó con todo su corazón. Las personas sollozaron en voz alta por la angustia de su compasión.

Cuando llegó al final del mensaje, levantó su mano y sollozó: "Hermanos, mándenme otra vez a China. Si ustedes no lo hacen, me voy a regresar de cualquier manera".

Otra vez se reunieron alrededor de él para implorarle, diciendo: "No puedes ir. Te necesitamos. Tenemos un trabajo para ti. ¿Qué será de tu esposa y de tu niño?"

Él dijo: "¡Yo tengo que ir!"

"¿Por qué? ¿Por qué tienes que ir?"

Con su corazón quebrantado y conmovido, él dijo: "¡Tengo que regresar porque no puedo dormir por las noches por pensar en ellos!"

Cuando nosotros tengamos una compasión como esa, entonces ¡haremos una diferencia! Entonces, ¡necesitamos tener una carga para las almas perdidas!

Carlos Spurgeon dijo: "Si Dios te ha llamado a ser un misionero, no te rebajes a ser un rey".

¡Hay peligro por demorar o por esperar!

Había un hombre en Birmingham, Alabama. No estaba muy lejos del fin de su vida. Había un olor extraño en su cuarto. Este hombre estaba enfermo y le contó su historia a un predicador.

Unas semanas antes, una pequeña gota de ácido había caído en su pierna mientras trabajaba en una fábrica en Birmingham. Se había puesto un poco de pomada en la llaga pero no estaba preocupado por ella. Cuando la llaga se volvió más grande, él fue con un doctor y recibió medicación barata, pero la llaga continuó aumentando de tamaño.

Él pensó: "Quizá se curará con algunos de mis remedios caseros".

Sin embargo, no se mejoró. La quemadura había aumentado hasta que mucho de su cuerpo estuvo afectado.

Algunos días después de que el predicador le había visitado, el hombre enfermo murió en el hospital, y el predicador fue a predicar en su funeral. ¡Es peligroso demorar o esperar! ¡Qué triste fue esta situación!

¡Siempre, tenemos que recordar el peligro de demorar o de esperar! Lo que hacemos para Dios, debemos hacerlo ahora. No espere otro día. ¡Dé su todo a Dios cada día! Haga su mejor esfuerzo para hablarles a otras personas acerca de Jesús.

¡Vamos a pescar por Jesús!

Capítulo 3

¡Vamos a Pescar! (Parte 2)

En Mateo 4:19 (y el Señor Jesucristo está hablando), la Biblia dice: "Y les dijo: Venid en pos de mí, y os haré pescadores de hombres".

La nación oró por un grupo de hombres en Nueva York, para que ellos tuvieran éxito en los esfuerzos que hacían para tratar de salvar la vida de un niño de siete años de edad, quien había caído en un pozo. Cada minuto que pasaba se perdía la posibilidad de sobrevivencia del niño.

Después de muchas horas de excavación, casi no había esperanza de poder salvar la vida del niño. Dijeron que el niño tenía solamente una posibilidad entre un millón para sobrevivir. Cientos de personas estaban en la escena; estaban observando y orando.

Finalmente, después de casi veinticuatro horas de cavar, llegaron hasta donde estaba el niño. La multitud esperaba en silencio cuando la noticia les llegó. Varias mujeres se pusieron sobre sus rodillas y oraron. De repente del fondo del pozo se escuchó el grito del médico: "¡El niño está vivo! ¡Él está vivo!"

Cuando el padre del niño oyó las palabras, sonrió, se volvió, y le gritó a la multitud de espectadores: "¡Él está vivo! ¿Lo oyeron? ¡Él está vivo! ¡Él está vivo!"

La multitud se llenó de emoción. Los espectadores gritaron: "¡Él está vivo! ¡Él está vivo!"

Una señora gritó: "¡Es un milagro! ¡Es un milagro!" Los demás dijeron: "¡Gracias a Dios!"

Todo eso pasó por la preocupación de la gente por la vida de un pequeño niño de siete años de edad. Ellos deberían haber estado preocupados por la vida de este niño. Pero, ¿nosotros deberíamos estar tan preocupados por las almas de hombres, de mujeres, de niños y de niñas, así como estuvieron por este niño? Tenemos que darnos cuenta que cada persona que conocemos pasará toda la eternidad en el Cielo o en el Infierno. Cada persona, cada alma necesita a Cristo. Siempre debemos recordar que tenemos que alcanzar un alma más con el Evangelio del Señor Jesucristo.

Hemos aprendido que un pescador sabio y bueno hace lo siguiente:

1. **Un buen pescador siempre está tratando de atrapar peces.**
2. **Un buen pescador quiere atrapar muchos peces.**
3. **Un buen pescador usa la carnada correcta.**
4. **Un buen pescador pesca en los mejores lugares.**

5. Un buen pescador pesca durante los mejores tiempos del día.

Entonces, ¡tenemos que pescar por Jesús! Ahora, debemos entender:

6. Un buen pescador usa diferentes métodos.

El Evangelio siempre es el mismo, pero los métodos pueden cambiar. Por ejemplo: algunos pescadores usan redes o palos o cañas de pescar o bombas.☺

El Dr. Jack Hyles fue un gran ganador de almas y animó a muchas personas a ser ganadoras de almas. A él siempre le gustaba pescar con una línea, con muchos anzuelos. Permítame explicar: El Hermano Hyles dijo: "Cuando era niño, yo pescaba en el arroyo que estaba cerca de nuestra casa. Tomaba un anzuelo, una línea, un palo o caña de pescar, y pescaba. Un día, vi a un compañero a mi lado que tenía dos anzuelos y dos pececillos en un sedal o una línea de pescar. Pensé que esa era una maravillosa idea. Quizá eso podría duplicar la cantidad de peces que yo pudiera atrapar. Así que, puse otro anzuelo o gancho en mi sedal. Luego, yo coloqué aún otro anzuelo al mismo sedal. No pasó mucho tiempo después que vino otra idea, que tal vez podría hacerlo con las dos manos. Consecuentemente, hice dos palos, o cañas de pescar. Usé la rama de un árbol y le puse tres anzuelos y tres pececillos en cada caña de pescar. Finalmente, decidí hacer una tercera caña de pescar. Entonces, tuve tres anzuelos en tres diferentes cañas de pescar; hacerlo me dio nueve oportunidades para atrapar a los peces, en lugar de una sola oportunidad".

"Un día vi salir a algunos hombres a un arroyo en un bote. Bajaron al arroyo un poco y aventaron un sedal grande, y había un gran pez de seis kilos en un anzuelo y otro pez grande en otro gancho. Yo les dije: 'Disculpen, ¿qué clase de pesca es esa?'"

Ellos dijeron: Es pescar con un sedal que tiene muchos anzuelos".

"Eso es para mí", dije. "Nunca más pescaré con un solo anzuelo, un pececillo y una caña. Quiero meter muchos anzuelos en el agua".

El Pastor Hyles dijo: "Ahora, la mayoría de las iglesias pescan con un anzuelo, un pececillo, un sedal y un caña de pescar. Ésta es la predicación del Evangelio desde el púlpito. Nosotros en la Primera Iglesia Bautista tenemos muchos anzuelos en el agua. Tiramos nuestro sedal en el agua después de que el culto de la noche del domingo termina. Luego, durante toda la semana, mantenemos los anzuelos en el agua. Cada domingo en la mañana, durante la invitación, simplemente sacamos los anzuelos del agua y vemos cuántos peces encontramos en cada anzuelo".

Aquí hay unos cuantos de los anzuelos que ellos tienen para ganar almas para Cristo: El programa de visitar (o ganar almas), la visitación de (o ganar almas) del pastor, la visitación (o ganar almas) de los diáconos, la visitación (o ganar almas) del personal de la iglesia, la visitación (o ganar almas) de los maestros de la escuela dominical, la misión de rescate, el ministerio del autobuses, la clase de niños con capacidades diferentes, la clase para diferentes idiomas, la visitación (o ganar almas) de los jóvenes, la visitación (o ganar almas) de las mujeres, el programa para ayudar con las adicciones a las drogas. Ellos también tienen muchos otros anzuelos en el agua. Las oportunidades son ilimitadas. Básicamente usted solo tiene que buscar las diferentes necesidades y deseos de las personas en su área y tratar de satisfacer esas necesidades, dándoles el Evangelio del Señor Jesucristo. Como alguien dijo: "A él que predica a los corazones quebrantados nunca le faltará una audiencia". Todas las personas en el mundo necesitan una relación con Dios. Eso sólo se puede llevar a cabo cuando aceptan a Jesucristo como su Salvador. Hagamos todo lo que podemos hacer para alcanzar a otros con el Evangelio.

Un gran predicador dijo que su filosofía es, que mientras algo es legal y moral (de acuerdo con la Biblia) y le dará una oportunidad de alcanzar a más personas con el Evangelio, él lo usará. Me gusta eso. Hagamos cualquier cosa que podamos hacer para alcanzar a más personas con el Evangelio.

¡Necesitamos estar ocupados para Cristo! Estas palabras suenan comunes, pero deben despertarnos para hacer más para nuestro Salvador.

Cuando William Carey le preguntó a Dios lo que Él quería que hiciera, Dios lo envió a la India, y él trabajaba allí diligentemente.

John Wesley montaba caballo de ocho a once mil kilómetros cada año para ganar almas. Él estaba ocupado para Cristo.

George Whitefield pasó sus días predicando sermones y en esforzarse para traer a los hombres a Cristo. El dio su mejor esfuerzo para Cristo.

David Brainerd, afligido con tuberculosis, predicaba día y noche para ganar a los indios para Cristo. Murió cuando era joven, pero su nombre está todavía repetido hoy como uno que tenía celo y valor.

David Livingstone entró en el corazón de África y dedicó su vida entera para hablarles a los nativos sobre Cristo. Él era inquieto, impaciente, e inspirado por una poderosa devoción para dar su mejor esfuerzo para Jesús.

Tenemos que hacer lo mejor que podamos para Jesucristo.

¡Vamos a pescar por Jesús!

7. Un buen pescador está triste cuando no atrapa peces.

Sé que algunas veces cuándo salimos a ganar almas, nadie es salvo. Aun cuando esto pasa, estamos haciendo lo correcto. Nosotros estamos tratando de prevenirles a las personas de ir al Infierno. Pero debe romper nuestros corazones si nadie es salvo.

Hay personas que quieren ser salvos y quieren ir al cielo. Nosotros tenemos que pescarlos. Tenemos que buscarlos. Tenemos que encontrarlos. Tenemos que ayudarlos. Tenemos que amarlos.

Salmos 126:5-6 dice: "Los que sembraron con lágrimas, con regocijo segarán. Irá andando y llorando el que lleva la preciosa semilla; Mas volverá a venir con regocijo, trayendo sus gavillas".

Gálatas 6:7b dice: "Todo lo que el hombre sembrare, eso también segará".

¡Vamos a pescar por Jesús!

8. Un buen pescador jala y recoge la red.

Un gran evangelista llamado David Wood escribió: "Ha sido dicho por predicadores en el púlpito que un mensaje regular con una gran invitación es mucho más efectivo que un gran mensaje con una invitación pobre. Lo mismo se aplica al evangelismo personal. Debemos guiar a las personas a Cristo y no meramente hacer una presentación y luego irnos".

"De hecho, la Biblia nos instruye a compeler y a persuadir a la gente. Esto nunca se podría lograr sin una buena invitación. En algunos casos puede ser que el pecador no esté listo para aceptar a Cristo, pero, debido a que no podemos saber qué es lo que está pasando dentro de su corazón, nosotros debemos tratar de recoger la red para ver si está listo o no".

"El término 'recoger la red' es un antiguo término entre pescadores que significa sacar el pescado. Con recoger la red, quiero decir, guiar a una persona a Cristo tras haberle mostrado el Evangelio. Es en este punto en el que entendemos nuestra labor y privilegio de ser ganadores de almas, en el que concretamente guiamos a otros a Jesús. Estoy convencido que muchas almas preciosas podrían ser ganadas si el ganador de almas tan sólo recogiera la red. En mis primeros intentos de ganar almas, dejé a muchos prospectos escaparse ya que no sabía mucho sobre cómo recoger las redes".

"Muchos Cristianos tienen la relativa confianza en lo que es empezar el tema de la salvación, pero se detienen antes de darles a las personas la oportunidad de aceptar a Cristo. Debe de haber un punto, para cuando la fe les alcanza y les permite que acepten el regalo hecho disponible en el Calvario". (The Jerusalem Factor, páginas 142-143)

Debemos persuadir a las personas. La Biblia dice: "Conociendo, pues, el temor del Señor, persuadimos a los hombres". (2 Corintios 5:11a) Debemos compeler a las personas. La Biblia dice: "Ve por los caminos y por los vallados, y fuérzalos a entrar, para que se llene mi casa". (Lucas 14:23b) Debemos arrebatar o jalar a las personas del fuego del Infierno. La Biblia dice: "A otros salvad, arrebatándolos del fuego; y de otros tened misericordia con temor, aborreciendo aun la ropa contaminada por su carne". (Judas 23)

No recoger la red o no dar la invitación, es como un hombre diciéndole a una mujer: "Te amo. Quiero pasar el resto de mi vida contigo…" pero, no pidiéndole a ella que se case con él.

Es como en la época de Navidad, alguien tiene un bello regalo envuelto con su nombre en él, y describiéndole qué maravilloso es, pero no sé lo da.

Tenemos que jalar y recoger la red. Tenemos que invitar a las personas a aceptar a Cristo como su Salvador. Usted necesita preguntarles si les gustaría recibir a Jesús como su Salvador. Y si dicen que sí, entonces los guíelos en la oración del pecador.

En Octubre de 1871, D.L. Moody predicaba una serie de sermones acerca de Cristo el Salvador. Una noche su mensaje fue: "¿Qué, pues, haré de Jesús, llamado el Cristo?"

Las campanas que alertaban al pueblo sobre el fuego estaban sonando, pero esto no era algo raro en Chicago. Moody terminó su mensaje diciendo: "Ahora, quiero que tomes la pregunta contigo y la pienses; y el próximo domingo regresa y dime lo que quieres hacer con eso".

Sin embargo, la alarma de las campanas sobre el fuego, no era una alarma normal. Literalmente Chicago estaba ardiendo. Cuando las personas salieron de la reunión e iban a casa, los cielos estaban incandescentes. El lugar donde el Sr. Moody había predicado algunos momentos antes, fue reducido a cenizas la mañana siguiente.

El Sr. Moody dijo: "La pérdida material no fue nada, pero cometí un gran error. Nunca vi a algunas de esas personas otra vez. Desde entonces yo nunca me he atrevido a darle a una audiencia una semana para considerar la salvación".

Necesitamos invitar a las personas a confiar en Cristo como su Salvador inmediatamente porque no tienen asegurado el día de mañana.

Entonces, ¡vamos a pescar por Jesús!

Conclusión: ¿Cómo podemos ser buenos pescadores?

1. **Un buen pescador siempre está tratando de atrapar peces.**
2. **Un buen pescador quiere atrapar a muchos peces.**
3. **Un buen pescador usa la carnada correcta.**
4. **Un buen pescador pesca en los mejores lugares.**
5. **Un buen pescador pesca en los mejores tiempos del día.**
6. **Un buen pescador usa diferentes métodos.**
7. **Un buen pescador está triste cuando él no atrapa peces.**
8. **Un buen pescador jala y recoge la red.**

En la Primera Guerra Mundial, en las trincheras había un joven del campo del estado de Kentucky de los Estados Unidos que se había unido al ejército. Los otros hombres que estaban en su sección en el ejército se reían de su acento y pensaban que él no sabía mucho.

Un día, se les dio la orden de ir a pelear contra el enemigo. Mientras ellos peleaban contra el enemigo, ellos recibieron muchísimos disparos del enemigo. Finalmente vino la orden de retirarse.

Cuando regresaron a sus trincheras, los soldados se dieron cuenta que aquél joven del campo faltaba. Se sentían tristes, pensando que él había muerto.

Sin embargo, poco tiempo después, a través del humo, se maravillaron al ver al joven del campo caminando hacia ellos con su arma apuntada a un soldado enemigo que caminaba delante de él. Los soldados le dijeron: "¿Dónde lo atrapaste?" El joven del campo les dijo: "Allá en una trinchera". Entonces él dijo: "Ustedes podrían tener uno, si quisieran uno".

Hay muchas personas en el mundo que necesitan a Jesucristo. Usted puede tener uno, si quiere uno. ¿Quiere uno? ¿Quiere ganar almas para Jesucristo?

Entonces, ¡Vamos a alcanzar a las personas para Jesús! ¡Amén!

No debe haber ninguna vacilación en compartir el mensaje de nuestro Salvador. Necesitamos el valor de Peter Cartwright, el gran predicador pionero. Una vez mientras él viajaba, la noche lo alcanzó en una pequeña aldea entre las montañas, y buscó refugio en una cabaña en la cual iba a haber un baile esa misma noche. Los rudos montañeros se reunieron, y el baile comenzó.

Pronto una bella señorita desafió al Señor Cartwright que bailara con ella. Él tomó su mano extendida pero dijo: "Espera un momento. Nunca empiezo nada sin pedir las bendiciones de Dios en ello. Arrodillémonos y oremos".

Cartwright se arrodilló. La chica intentó escapar, pero él la tomó de su mano y empezó a orar. Pronto un violinista gritó y corrió a la puerta. Entonces uno por uno los invitados se arrodillaron. Cuando la oración terminó, Peter Cartwright predicó el Evangelio y exhortó a los hombres y a las mujeres en ese baile a recibir a Cristo como su Salvador.

En esa noche, dieciséis personas fueron salvas. Después Peter Cartwright organizó una iglesia en ese mismo lugar. ¡Que maravilloso!

"Oh, Dios, danos un poderoso valor para dar el mensaje de salvación a la gente dondequiera que las conozcamos".

Hablando de pescar y de peces, hay una historia extraordinaria en la Biblia acerca de un muchacho que tenía cinco panes de cebada y dos pececitos. La Biblia dice en Juan 6:1-13: "Después de esto, Jesús fue al otro lado del mar de Galilea, el de Tiberias. Y le seguía gran multitud, porque veían las señales que hacía en los enfermos. Entonces subió Jesús a un monte, y se sentó allí con sus discípulos. Y estaba cerca la pascua, la fiesta de los judíos. Cuando alzó Jesús los ojos, y vio que había venido a él gran multitud, dijo a Felipe: ¿De dónde compraremos pan para que coman éstos? Pero esto decía para probarle; porque él sabía lo que había de hacer. Felipe le respondió: Doscientos denarios de pan no bastarían para que cada uno de ellos tomase un poco. Uno de sus discípulos, Andrés, hermano de Simón Pedro, le dijo: Aquí está un muchacho, que tiene cinco panes de cebada y dos pececillos; mas ¿qué es esto para tantos? Entonces Jesús dijo: Haced recostar la gente. Y había mucha hierba en aquel lugar; y se recostaron como en número de cinco mil varones. Y tomó Jesús aquellos panes, y habiendo dado gracias, los repartió entre los discípulos, y los discípulos entre los que estaban recostados; asimismo de los peces, cuanto querían. Y cuando se hubieron saciado, dijo a sus discípulos: Recoged los pedazos que sobraron, para que no se pierda nada. Recogieron, pues, y llenaron doce cestas de pedazos, que de los cinco panes de cebada sobraron a los que habían comido".

Ese niño dio lo que él tenía, y Jesús lo usó para alimentar a miles de personas. Si usted da su vida y su ganancia de almas a Dios, Él lo puede usar para alcanzar a multitudes de gente con el Evangelio.

Lucas 1:37 dice: "Porque nada hay imposible para Dios". Dios lo puede usar en formas grandes y poderosas.

Un cirujano en una nave transatlántica contó cómo cayó al mar un jovencito y fue rescatado por la tripulación. Trabajaron en rescatar su cuerpo, intentando resucitarlo, pero todo fue en vano.

Cuando el cirujano llegó a la escena, los miembros de la tripulación dijeron: "No sirve de nada; está muerto".

El cirujano contestó: "Creo que ustedes han hecho todo lo posible". Estaba a punto de volver a su lugar cuando, de repente, algo le dijo que examinara al joven y que se asegurara de que no había nada más que pudiera hacer para resucitarlo. Cuando iba hacia donde estaba el muchacho, miró y descubrió que era su propio hijo.

El cirujano inmediatamente se puso a trabajar. Se quitó su abrigo, se agachó sobre el joven, respiró en su boca y sopló en la nariz. El oró y trabajó por cuatro horas intentando todo. Después de todo, por fin él vio signos de vida en su hijo. ¡Su hijo estaba vivo!

El cirujano dijo: "¡Nunca dejaré de intentar resucitar a otra persona rescatada, aunque él este aparentemente sin esperanza! ¡Voy a hacer todo lo posible para salvarlo!"

Hay gente que está muriendo y que está yendo al Infierno. Tenemos que hacer todo lo que podemos hacer para alcanzar al mundo con el Evangelio de Cristo. ¡Hagamos todo lo posible para alcanzar a otros para Cristo!

Entonces, ¡vamos a pescar! ¡Tenemos que alcanzar a las personas para el Señor Jesucristo!

Capítulo 4

¿Ve Usted la Necesidad?

En Lucas 10:30, la Biblia dice: "Respondiendo Jesús, dijo: Un hombre descendía de Jerusalén a Jericó, y cayó en manos de ladrones, los cuales le despojaron; e hiriéndole, se fueron, dejándole medio muerto. Aconteció que descendió un sacerdote por aquel camino, y viéndole, pasó de largo. Asimismo un levita, llegando cerca de aquel lugar, y viéndole, pasó de largo. Pero un samaritano, que iba de camino, vino cerca de él, y viéndole, fue movido a misericordia; y acercándose, vendó sus heridas, echándoles aceite y vino; y poniéndole en su cabalgadura, lo llevó al mesón, y cuidó de él. Otro día al partir, sacó dos denarios, y los dio al mesonero, y le dijo: Cuídamele; y todo lo que gastes de más, yo te lo pagaré cuando regrese. ¿Quién, pues, de estos tres te parece que fue el prójimo del que cayó en manos de los ladrones? El dijo: El que usó de misericordia con él. Entonces Jesús le dijo: Ve, y haz tú lo mismo". (Lucas 10:30-37)

Esta es la historia del Buen Samaritano. Muchos de nosotros conocemos esta historia. Este samaritano fue y mostró compasión a este hombre y le ayudó. Esto es una demonstración de cómo nosotros debemos de amar a otras personas. Quiero hablarle sobre el tema: "¿Ve usted la necesidad?" El buen samaritano vio la necesidad, hizo algo al respeto y ayudó a esta persona. ¿Vemos la necesidad? ¿Estamos viendo la necesidad?

Permítame mostrarle un poco de trasfondo de en esta historia. Había un intérprete de la ley que vino a Jesús y lo intentó tentar. Eso es una locura, tratar de tentar a Jesús. Pero eso era lo que él estaba intentando hacer. Le dijo: "Maestro, ¿haciendo qué cosa heredaré la vida eterna?"

Jesús le dijo: "¿Qué está escrito en la ley? ¿Cómo lees?" En otras palabras, ¿qué es lo que dice la Biblia o la ley de este tema?

El hombre respondió y dijo: "Amarás al Señor tu Dios con todo tu corazón, y con toda tu alma, y con todas tus fuerzas, y con toda tu mente; y a tu prójimo como a ti mismo".

Jesús básicamente le dijo: "Contestaste correctamente. Haz esto y vivirás". Si alguien ama a Dios con todo su corazón, su alma, su mente y sus fuerzas, él va a confiar en Jesús como su Salvador, ¿verdad? Usted no puede amar a Dios sin confiar en Jesús. Esta es la razón por la que Jesús dijo: "Haz esto y vivirás. Tendrás vida eterna". Cuando alguien ama a Dios tanto, va a confiar en Cristo como su Salvador. Pero el hombre quería justificarse con decir: "Pues, ¿quién es mi prójimo?" Y eso es lo que nos lleva a esta historia donde Jesús cuenta de un hombre que vino de Jerusalén y viajó a Jericó y cayó entre ladrones, los cuales lo despojaron e hiriéndole, se fueron, dejándole medio muerto.

La Biblia dice que este hombre vino de Jerusalén e iba a Jericó. Estaba caminando, y de repente, cayó entre ladrones. ¡Woo woo wooo! ¡Ki-ay!

Los ladrones lo aventaron al suelo y lo dieron por muerto. La Biblia dice que había cierto hombre que pasó por allí ese día, quien era un sacerdote. Era una persona religiosa, un predicador, por así decir. Cuando él vio al hombre, la Biblia dice que él pasó de largo.

Me pregunto cuántos predicadores y cuántos cristianos ven la necesidad de las personas por todo el mundo, pero la pasamos de largo. Vemos la necesidad, pero no hacemos nada al respeto. Decimos: "Estoy muy ocupado. Tengo cosas que hacer". Me pregunto si estamos caminando de lo largo y les sacamos la vuelta a las personas. No hacemos nada para alcanzarlos para Cristo. Me pregunto cuántas personas hay, con las cuales usted trabaja pero no les habla de Jesús. Me pregunto cuántas personas asisten la escuela con usted, pero no les habla de Jesús. Me pregunto cuántas personas van al supermercado con usted, pero no está haciendo nada para hablarles de Jesús.

La Biblia dice también que un levita caminó por allí ese día; él era otra persona religiosa. Muchas veces, los cristianos somos así; caminamos por otro lado. Cuántas personas están caminando de lo largo, pasando a personas que están dolidos, personas que están sufriendo, personas que necesitan ayuda, y nosotros tenemos la respuesta. Tenemos a Jesucristo, y ¡no estamos haciendo algo para ayudarles!

La Biblia dice que un samaritano caminó por allí ese día. Cuando Jesús dijo eso, Jesús tuvo la atención de su audiencia, porque los judíos no tenían nada que ver con los samaritanos. Era muy sorprendente que un samaritano pasara por allí y tuviera compasión de él. Se le acercó, vendó sus heridas, le echó vino y aceite y lo puso sobre su cabalgadura. Lo llevó a un mesón, cuidó de él, y le dijo al mesonero: "Cuida de este hombre. Aquí hay dinero para atenderlo. Si gastas más que esto, entonces yo lo reembolsaré". ¡Él se acercó a este hombre y le ayudó!

Esto es lo que nosotros debemos hacer. Debemos ir y ayudar a las personas, hablándoles de Cristo. Debemos decirles que Jesús los ama, que Jesús murió por ellos, y que Jesús les quiere salvar. Necesitamos ayudar a otras personas de esta manera. Esto es lo que hizo el buen samaritano. Él amó a este hombre y le extendió ese amor hacia él. ¡Tenemos que ir y alcanzar a otros para Cristo!

¿Vemos la necesidad en el mundo? Hay personas muriendo y yendo al infierno. El infierno es un lugar real donde las personas se quemarán para siempre y por siempre y siempre. Tenemos que alcanzarlos para Cristo. Hay hombres, mujeres, niños y niñas que van rumbo al infierno. ¿Vemos la necesidad? ¿Nos importa que las personas estén yendo al Infierno? Hagamos todo lo que podamos hacer para alcanzarlos para Cristo.

¿Vemos la necesidad de obreros? La Biblia dice que debemos rogarle al Señor de la mies que envíe obreros a Su mies, para que personas sean alcanzadas para Cristo. Debemos orar para que Dios mande misioneros, predicadores, y obreros a Norteamérica, Sudamérica, Europa, Asia, África, Australia, y por todo el mundo. Tenemos que orar para que Dios mande más obreros para hablarles a las personas de Cristo.

¿Sabe qué? Cuando yo empecé a pedirle a Dios que mandara obreros a la mies, de repente era como si Dios me dijera: "¿Qué de ti?" ¿Usted irá y les dirá a otras personas acerca de Jesús? ¿Usted irá y hará todo lo posible para alcanzar a otros para Cristo? Dios se lo pregunta a usted. Dios quiere usarle para alcanzar a otros para Cristo. Usted puede alcanzar a personas que su pastor nunca conocerá. Puede alcanzar a personas en mercados, escuelas, su vecindario y de todo su alrededor. Dios puede usarle para alcanzar a otros para Cristo. Dios quiere que usted lo haga. Entonces, hay una necesidad. Ellos están rumbo al Infierno, y nosotros tenemos la respuesta. El único fracaso en testificar a otros de Cristo es no testificarles. Debemos de hablarles de Jesús. Hagamos todo lo que podamos hacer para alcanzar a otros para Cristo.

¿Vemos la necesidad? Las personas necesitan a Jesús. ¡La gente necesita de Jesús! Permítame hacerle una pregunta: ¿Usted cumplirá esa necesidad? ¿Les hablará de Jesús? ¿Tendremos compasión sobre otros? El Buen Samaritano tuvo compasión; fue hacía el hombre y le ayudó. La Biblia dice: "A algunos que dudan, convencedlos". (Judas 22) La Biblia dice: "Conociendo, pues, el temor del Señor, persuadimos a los hombres;" (2 Corintios 5:11a) La Biblia dice que debemos de ir por los caminos y por los vallados, y forzarlos a entrar. (Lucas 14:23) Tenemos que hacer todo lo posible para alcanzar a otras personas para Cristo, porque hay personas con dolor allá afuera, y ellas necesitan a Jesucristo.

Recuerdo la historia acerca de un hombre llamado Tommy Tillman, quien era un misionero a Tailandia. Un día Tommy Tillman caminaba en las calles de Tailandia. De repente, vio a un hombre leproso. Entonces, Tommy Tillman metió su mano a su bolsillo, sacó un poco de dinero y se lo ofreció a este hombre. Al ofrecérselo, le dijo: "Jesús te ama, y yo también te amo", y le dio el dinero.

El hombre leproso lo miró con enojo y con desprecio en sus ojos, y le dijo: "Tu no me amas. No te importo. Solo me diste dinero para aplacar tu consciencia, para que puedas regresar a tu casa con conciencia limpia esta noche y poder disfrutar tu bello hogar".

Tommy Tillman dijo: "Si te amo, y Jesús también te ama. Jesús te ama, y para comprobarlo, yo iré a quedarme en tu casa esta noche". Tommy Tillman siguió al hombre leproso hasta su casa, y el misionero durmió en el suelo de la casa del hombre leproso esa noche. Él durmió no muy lejos de donde estaba durmiendo el hombre leproso. Cuando el misionero se despertó en la mañana, el hombre leproso había cocido arroz sobre el fuego. De repente el hombre leproso metió su mano con lepra adentro de ese arroz y se lo ofreció a Tommy Tillman. La lepra es una enfermedad que se come todas las extremidades del cuerpo y eventualmente mata a la persona que lo padece. Pero, aquí estaba Tommy Tillman frente a una mano con lepra, que le ofrecía arroz. Él sabía que si tomaba el alimento de la mano de ese hombre, él podría también contagiarse de la enfermedad de lepra y podría morir. A propósito Tommy Tillman miró a ese hombre a sus ojos, extendió su mano, puso su mano en la mano del hombre leproso, y comenzó a comer el arroz. Ese hombre leproso empezó a llorar y dijo: "¡En verdad me amas! ¡Si te importo! ¡Háblame más de Jesús!" y el misionero tuvo el privilegio de ganar a ese hombre para Cristo.

Quizá Dios no le llame a ir a una colonia donde hay leprosos, pero todos podemos ir a la casa de nuestro vecino. Todos podemos ir a nuestras áreas y hablarles a otros de Jesús, ¿verdad? Tommy Tillman tuvo una compasión que hizo la diferencia. Él se dio a alguien. ¿Usted tendrá compasión? ¿Usted irá para hablarles a otros de Jesucristo?

Pienso en la compasión de Jesús, cómo Jesús fue a la cruz, cómo Él sufrió, derramó su sangre y murió para que nosotros pudiéramos ir a Cielo. ¿Por qué? Porque Jesús tiene compasión y se preocupa por usted. La Biblia dice: "Porque el Hijo del

Hombre (Jesús) vino a buscar y a salvar lo que se había perdido". (Lucas 19:10). Esa es la razón por la que Jesús vino a la tierra: para dar Su vida por nosotros para que podamos ir al Cielo.

Jesús dijo: "Id por todo el mundo y predicad el evangelio a toda criatura". (Marcos 16:15) Jesús dijo: "Por tanto, id, y haced discípulos a todas las naciones, bautizándolos en el nombre del Padres, y del Hijo, y del Espíritu Santo". (Mateo 28:19) La Biblia dice: "Pero recibiréis poder, cuando haya venido sobre vosotros el Espíritu Santo, y me seréis testigos en Jerusalén, en toda Judea, en Samaria, y hasta lo último de la tierra". (Hechos 1:8) Tenemos que hacer todo lo que podamos para alcanzar a otros para Cristo.

Hemos recibido el mandato por nuestro Rey y Salvador, el Señor Jesucristo. Cuando alguien va al ejército, su sargento o su líder le darán la orden de ir y pelear. ¿Para qué? Para que las personas puedan estar a salvos en casa, para que su nación pueda estar a salvo. El Señor Jesucristo nos ha dado un mandato de ir y de alcanzar a otros para que ellos puedan ir al Cielo un día. Así que, no digamos 'no' a Jesús. Cuando un soldado dice 'no' a su líder, él está poniendo en peligro a sus compañeros. Está poniendo en peligro a su país, y además está poniendo en peligro a su familia. Debemos decir: "Sí, Señor. Sí, Señor. Sí, Señor. Lo que tú digas, Dios, yo lo haré". Debemos decir: "Jesús, dijiste: 'Id por todo el mundo y predicad el evangelio a toda criatura', y voy a hacerlo".

¿Qué decidirá usted? ¿Dirá usted?: "Escogeré servir a Dios. Yo escojo hoy vivir para Aquel, Quien dio Su vida por mí. Quiero vivir para Jesucristo". Jesús dio su vida por usted. ¿Usted escogerá dar su vida para hablarles a otros de Él? Tomemos una de las decisiones más grandes que podemos tomar, y eso es de hablarles a otros de Jesucristo.

Tenemos que ir, ir, ir, ir, ir y predicar el evangelio a toda criatura. ¿Nosotros cuidaremos de otros? Este samaritano cuidó de este hombre. Él puso vino y aceite en sus heridas y estuvo dispuesto a pagarle al mesonero, para que el mesonero cuidara de él. Él le dijo: "Si gastas más que eso, yo se lo pagaré". Él estaba dispuesto para cuidar de él.

Cuando cuidamos de otros, nosotros tenemos que sacrificar nuestros deseos. Tenemos que sacrificar nuestro deseo de estar cómodos. Debemos olvidarnos de nosotros mismos. Debemos olvidarnos de nuestra zona de comodidad, extendernos y darnos a otras personas. Vale la pena cuando uno se sacrifica o invierte para alcanzar a alguien. Quizá un día cuando estemos en el cielo, un niño o una niña se le acerque a usted y le diga: "Estoy tan contento de que usted me habló de Jesús, y de que ahora estoy en el cielo". ¡Qué día tan glorioso será cuando veamos a las personas en el Cielo, porque han confiado en Cristo como Su Salvador y porque nosotros hicimos algo para alcanzarlos! Todo habrá valido la pena. Sin embargo, hay un precio.

Permítame decirle esto: Para cuidar de otros, uno tiene que gastar de sus posesiones. Estoy hablando de su dinero, su tiempo, su talento y su tesoro. ¿Usted se está usted dando a sí mismo para alcanzar a otras personas? Darse a sí mismo le va a costar algo, pero valdrá la pena cuando usted ha dado su tiempo para ir y hablarles a otros de Cristo. Valdrá la pena cuando usted llegue al Cielo, porque la Biblia dice que cuando ponemos a Dios primero y lo buscamos, Él proveerá para nosotros y Él nos bendecirá en el Cielo un día. Valdrá la pena cuando usted reciba las recompensas en el Cielo por hacer lo que usted debió haber hecho.

¿Por qué no invierte su dinero en la obra de Dios, para que más personas puedan conocer a Cristo como su Salvador? ¿Habrá una mejor inversión que esa? Hacerlo es la mejor inversión que podemos hacer, dar para que otros puedan conocer a Cristo. Dé de su tiempo, su talento y su tesoro al Señor. Entréguese a sí mismo completamente al Cristo y diga: "Dios, me doy a mí mismo. Te doy mi boca para que la uses, para que otras personas puedan conocer de Cristo. Te doy mis manos para que las uses, para alcanzar a más personas que puedan conocer a Cristo. Señor, me doy completamente a Ti, para que otros te conozcan". ¿Usted ve la necesidad? ¿Cumplirá la necesidad? ¿Alcanzará a otros, para que ellos puedan conocer a Cristo como su Salvador? Hagamos todo lo que podamos hacer para alcanzar a otros para Jesús.

Alguien dijo una vez: "Si Dios le ha llamado a ser un misionero (alguien que va y les habla a otros de Cristo), no se rebaje a ser un rey". No hay nada mejor que hablarles a otros de Jesucristo. No hay nada mejor que ser un embajador o representante del Rey de reyes y Señor de señores. No hay nada mejor que usted pueda hacer con su vida, que hablarles a otros de Jesús. Hagamos una de las cosas más grandes que podamos hacer con nuestras vidas: hablarles a otros de Jesús.

En el pasado, alguien dijo: "Si no mandamos diez mil misioneros al Oriente en nuestra generación, mandaremos un millón de soldados en la próxima generación". Si no nos ocupamos en hablar a las personas de Cristo, entonces vamos a terminar mandando a nuestros hijos y a nuestros nietos para pelear porque la gente es mala y es malvada. El islam está creciendo. Tal vez es la religión que está creciendo más rápidamente que cualquiera otra. Los musulmanes quieren tomar control del mundo; quieren matar a las personas que son importantes para usted. Practican algo que se llama Yihad (guerra santa islámica), donde ellos quieren matar a personas para que su religión crezca. A ellos no les importa. Si a nosotros no nos importa y no mandamos misioneros a ellos para hablarles de Jesús, entonces terminaremos mandando soldados para pelear contra ellos. Quizá usted mandará a un ser querido para pelear y proteger a su familia. Quizá usted mandará a sus hijos para pelear contra esas personas para que usted pueda tener libertad. Tenemos que mandar misioneros para alcanzar a otros para Cristo.

Después de que los Estados Unidos y las Fuerzas Aliadas derrotaran Japón en la II Guerra Mundial, el General Douglas MacArthur dijo: "Necesitamos mandar misioneros a Japón. Ahora es el tiempo. Están abiertos y dispuestos, y están buscando la verdad". Pero solo unos cuantos vieron la necesidad y respondieron al llamado, en comparación a la gran necesidad que había, de aproximadamente setenta y un millón de personas. Por pocos años, algunas de las personas japonesas mostraron interés en el cristianismo, pero después de reconstruir su economía y empezar a ver su prosperidad, ellos perdieron el interés en el cristianismo. Me pregunto cuántas personas han muerto y han ido al infierno, porque el pueblo de Dios no vio la necesidad de ir y hablarles de Jesús.

Recuerde cómo el tsunami le pegó a Japón, y mató a miles de personas. Me pregunto cuántas personas murieron y fueron al Infierno, porque nadie vio la necesidad de hablarles de Cristo antes de que eso pasara. Me pregunto cuántas personas morirán e irán al Infierno en el futuro, porque nosotros no vemos la necesidad de alcanzarlos para Cristo.

¿Dirá usted hoy?: "Yo veo la necesidad. Hay un mundo muriendo y yendo al Infierno, y voy a hacer todo lo posible para alcanzarlos para Cristo". ¡Alcancemos a las personas antes de que sea demasiado tarde! ¡Tenemos que hacer todo lo que podamos hacer para alcanzar a otros para Jesús!

Un vendedor de libros en el norte de la India, contó una historia Navideña de la Biblia a un grupo de gente. Después, una persona del grupo le preguntó: "¿Hace cuánto tiempo vino el Hijo de Dios para nacer en el mundo?"

El misionero respondió: "Pues, hace como dos mil años".

Luego el hombre preguntó: "¿Quién ha estado escondiendo este libro por todo este tiempo?" Eso es esconder el libro. Cuando no compartimos la verdad con las personas, es lo mismo como esconder la verdad.

Hay personas por todo el mundo que quieren conocer la verdad. Quieren conocer el mensaje de que Jesucristo murió en la cruz y que resucitó de los muertos, y nosotros tenemos ese mensaje. Hay personas que quieren saber de Jesús, y nosotros tenemos que hacer todo lo posible para hablarles de Jesucristo. Así que, ¡hagámoslo! Yo quiero hacerlo. Usted quiere hacerlo también, ¿verdad? Entonces, ¡Hablémosle a la gente acerca de Jesucristo!

Capítulo 5

El Poder de una Pieza de Papel

El deseo de mi corazón es ayudarle. Entonces, por favor présteme mucha atención. En el libro de Ester 8:7-8, la Biblia dice: "Respondió el rey Asuero a la reina Ester y a Mardoqueo el judío: He aquí yo he dado a Ester la casa de Amán, y a él han colgado en la horca, por cuanto extendió su mano contra los judíos. Escribid, pues, vosotros a los judíos como bien os pareciere, en nombre del rey, y selladlo con el anillo del rey; porque un edicto que se escribe en nombre del rey, y se sella con el anillo del rey, no puede ser revocado".

Quiero llamar su atención en el hecho que este pasaje se refiere a la ley de los medos y de los persas. Muchos de nosotros hemos escuchado de la ley de los medos y de los persas, como su ley no podría ser cambiada o revocada. Cualquier cosa que estaba escrito tenía que cumplirse. Así que la ley de los medos y de los persas decía que lo que fue escrito a nombre del rey y sellado por su anillo, ningún hombre podría cambiar. En otras palabras, estoy hablando del poder que tiene una pieza de papel, y lo que puede lograr hacer. Así que, quiero hablarle acerca del tema: "El Poder de una Pieza de Papel".

Permítame compartirle un pequeño trasfondo del pasaje que hemos leído. El rey Asuero tenía una esposa (la reina) llamada Ester, quien era judía. Pero el rey no sabía que ella era judía. También había otro hombre llamado Amán, quien quería destruir al pueblo judío. Amán le dijo al rey que había gente: "los judíos", que estaban en contra del rey. Por esa razón era mejor para el rey que los eliminaran a que se les permitiera vivir, ya que en algún momento probablemente se rebelarían en contra de él. El rey escuchó a este hombre Amán, y entonces escribieron en un papel que los judíos de debían ser destruidos en cierto día. Entonces Ester fue ante el rey y le reveló al rey, su esposo, que ella era judía y que este hombre malo llamado Amán estaba tratando de destruir a los judíos sin causa alguna. El rey creyó al reporte de Ester y después dio un mandato en contra de Amán, para que fuera aniquilado en la horca que él había preparado. De cualquier manera, el edicto o decreto decía que los judíos debían ser destruidos, y tal edicto o decreto fue escrito en la ley de los medos y de los persas, y no podría ser revocado. ¿Y entonces qué pasó?

Pasó que a Mardoqueo, un familiar de Ester, le fue dado mucha autoridad en el reino. Así que Mardoqueo escribió que los judíos podían tener la oportunidad de defenderse de la gente que los quisieran atacar para destruirlos. Entonces los judíos enfrentaron y vencieron a sus enemigos. Este decreto que los defendía de sus enemigos, fue escrito a nombre del rey y fue firmado por el mismo. Fue escrito en la ley de los medos y los persas, y no pudo ser revocado. La ley de los medos y de los persas, escrita en una hoja de papel, no podía ser quebrantada; no podía ser destruida; no podía ser cambiada. Y se llevaría a cabo. Por eso, esta pieza de papel era tan poderosa. La poderosa pieza de papel les dio a los judíos el derecho de defenderse en ese día en particular, y gracias a Dios, hoy nosotros también tenemos el poder de una pieza de papel. Quiero que tome en cuenta que hay poder en una pieza de papel.

Por ejemplo, un billete. El billete es solo un papel. El papel por sí solo no tiene valor. Pero lo que está escrito en él es lo que lo hace valioso. Por ejemplo, con 20 pesos, puedo ir y comprar una Coca Cola y un pan dulce. Si tengo 500 pesos, puedo salir y comprarme más cosas. Hoy en día hay poder en una pieza de papel.

Otro ejemplo es el pasaporte. El pasaporte me da la oportunidad de salir y de entrar a diferentes países. Tengo mi visa FM3, una visa especial. Es una hoja de papel que me da la oportunidad de venir a México y de predicar el evangelio legalmente. Estoy hablando del poder que tiene una pieza de papel.

Quiero que tome en cuenta que las escrituras de una propiedad tienen poder. Las escrituras demuestran que le pertenece y que lo puede usar de acuerdo a las leyes de este país. Las escrituras tienen poder. ¿Qué es lo que hace tan poderosa a una pieza de papel? Lo que está escrito en ella.

Un acta de nacimiento solo es un papel, pero ese papel declara quien es usted, dónde nació, y algunas cosas más. Solo es una hoja de papel, pero es poderosa por lo que tiene escrito en ella. Por ejemplo, para ir a los Estados Unidos, usted tendrá que enseñar su acta de nacimiento, o algo similar. Quiero que sepa, las leyes de una nación están escritas en hojas de papel, pero son reforzadas por el gobierno.

Estoy hablando del poder de una pieza de papel. Quiero que note que la Biblia solo tiene papel en sí misma. ¿Qué es lo que la hace tan poderosa? Lo que está escrito en ella. Las hojas en sí mismas no son nada, pero ¿qué hace a estas hojas tener poder? Lo que está escrito en ellas.

Un folleto es solo una hoja de papel. Solo contiene palabras, unos versículos de la Biblia y una explicación del evangelio, pero esto es lo que lo hace tener poder, por lo que está escrito en él. ¿Cómo puede una hoja de papel ser poderosa? Por lo que tiene escrito en ella. Entonces, ¿cómo puede Dios usar un folleto, una pieza de papel, y cambiar una vida? Por lo que está escrito en el.

Algunas razones por las cuales debemos dar folletos de Salvación:

1. Porque tienen la Palabra de Dios.

La Palabra de Dios es lo que cambia a una persona. La Biblia dice: "Siendo renacidos, no de simiente corruptible, sino de incorruptible, por la palabra de Dios que vive y permanece para siempre". (1 Pedro 1:23)

Hace unos años, a un caballero se le ofreció un folleto mientras él cruzaba la calle. Él lo rechazó rudamente, diciendo que él no quería ser molestado por ninguna de las filosofías evangélicas que no tenían sentido; pero mientras el muchacho le presionaba para que lo recibiera, entonces él lo hizo, aunque le aseguró que lo quemaría tan pronto que llegara a su casa. El hombre cumplió su palabra. Echó el folleto al fuego, y lo vio quemarse. Mientras el delgado papel se enrollaba con el calor, él vio una parte que decía: "La Palabra del Señor permanece para siempre". Hizo lo que pudo, pero no podía quitar de su mente esas palabras. Le zumbaban en los oídos, y le aparecían en las hojas del Libro Mayor. A donde quiera que él fuera, ese pasaje de las Escrituras lo perseguía, y lo hacía miserable, hasta que, sin poder soportarlo más, él fue a una misión, donde encontró paz, perdón y salvación en Cristo Jesús. Este hombre aprendió a regocijarse en que La Palabra del Señor si permanece para siempre. La Palabra de Dios cambia vidas. ¡Amén!

2. Porque tienen el Evangelio.

En Marcos 16:15, Cristo dijo: "Id por todo el mundo y predicad el evangelio a toda criatura". El Evangelio de Jesucristo hace la diferencia en el mundo.

Hay una historia de un joven llamado Ralph Barton quien era malo para hablar y lo sabía. Por eso muy pocas veces trataba de hablar en público. Pero él encontró una manera de testificar del Señor. Él escribió algunos folletos con el evangelio, los imprimió y los envió a todas partes. Uno cayó en las manos de un pobre hombre quien vivía en el Oeste de África, quien había aprendido a leer y a escribir un poco. El africano entendió suficiente para comprender que él era pecador ante los ojos de Dios y de que Cristo murió por él.

El hombre africano le escribió a Barton diciendo: "Acepté a Cristo como mi Salvador personal después de leer tu folleto del evangelio, y ahora soy un nuevo hijo del Rey. Mi vida ha sido cambiada. Ahora estoy yendo a los pueblos, diciéndole a la gente lo que un folleto con el evangelio ha hecho conmigo". Dios usa folletos con el evangelio para salvar las almas.

3. Porque tienen la explicación del evangelio.

La Biblia dice: "¿Y cómo oirán sin haber quien les predique?" En otras palabras, alguien necesita decírselo o explicárselo al pecador. Lo vemos con Felipe y el etíope quien era eunuco. El etíope estaba en su carreta, y él estaba leyendo porciones de

Isaías. El Señor le dijo a Felipe que se uniera a es, y que le hablara a este hombre. Y mientras Felipe hablaba a este hombre, le dijo: "¿Entiendes lo que lees?" y el etíope le respondió: "¿Y cómo podré, si alguno no me enseñare?" Felipe le predicó de Cristo. Y el etíope le pidió a Cristo que fuera su Salvador. Eso es lo que la gente necesita; necesitan la explicación del evangelio. Esa es la belleza de un folleto con el evangelio, porque la mayoría de los folletos tienen una explicación acerca del evangelio. Este folleto le da a la persona la oportunidad de confiar en Cristo como su Salvador. Esa es una de las cosas tan maravillosas acerca de un folleto. Un folleto da una explicación del evangelio y le dice a la gente como confiar en Cristo como su Salvador.

4. Es la Gran Comisión.

Cristo dijo en Mateo 28:19-20: "Por tanto, id, y haced discípulos a todas las naciones, bautizándolos en el nombre del Padre, y del Hijo, y del Espíritu Santo; enseñándoles que guarden todas las cosas que os he mandado; y he aquí yo estoy con vosotros todos los días, hasta el fin del mundo. Amén". Jesús dijo en Marcos 16:15: "Id por todo el mundo y predicad el evangelio a toda criatura".

Un hijo de los jefes de Burdwain fue convertido por un folleto. Él no podía leer, pero fue a Rangoon, a una distancia de unos 400 kilómetros. Allí la esposa de un misionero le enseñó a leer, y en corto tiempo él pudo leer el folleto, y así fue salvo. Él tomó una canasta llena de folletos, y con mucha dificultad predicó el evangelio en su propia ciudad. Así fue el comienzo de cientos de convertidos para el Señor. Él era un hombre que influenciaba; la gente se reunía para escucharlo. En un año, 1,500 nativos fueron bautizados en Arrecan como miembros de una iglesia. ¡Todo esto fue por un solo folleto! Ese folleto costó diez centavos. ¿De quién fueron esos diez centavos? Solo Dios sabe. Tal vez era de alguna pequeña niña, tal vez un ahorro ofrendado por un niño. ¡Pero que bendición fue!

Usted podrá decir que los folletos son un gasto. Pero permíteme preguntarle: ¿Cuál es el valor de un alma? Piense en eso. Si alguien es salvo por un folleto y no tiene que ir al infierno para siempre, ¿no valió la pena el costo? Los folletos podrán ser un gasto, pero lo valen cuando un alma es salva. Piense en que un folleto puede valer 10 centavos, pero ¿no es valioso si alguien va al Cielo por él? ¡Amén! Repartamos folletos del Evangelio.

Una madre quien era Nueva Inglaterra estaba ayudando a empacar una caja; esa caja se iba para la India. Su hijo de 4 años, insistía en meter su propio regalo; era un pequeño folleto con el título: "Ven a Cristo". Su nombre estaba escrito en él con una pequeña oración. La oración era: "Que el que reciba esto pronto aprenda a amar a Jesús". Cuando el folleto de este niño llegó a la tierra de la India, fue dado a un padre hindú quien estaba enseñando el idioma a los misioneros. Él tomó el regalo sin leer el folleto, pero en camino a la montaña donde estaba su casa, pensó en el folleto, lo sacó, y leyó la parte de afuera. La oración del niño lo tocó tan profundamente que tuvo el deseo de leer más. Muy pronto dejó a sus ídolos y se convirtió en un devoto misionero a su propia gente. Quince años después, algunos misioneros americanos visitaron la villa de esa montaña, y encontraron al Hindú sacerdote que se había convertido, con una congregación de quinientas personas que habían aprendido a amar a Jesús como su Salvador, todo esto por la influencia de un folleto. ¿Qué es lo que estoy diciendo? No subestimemos el dar un folleto evangelístico. Así que repartamos folletos con el evangelio.

Un ateo recibió por correo un folleto que decía: "Prepárate para encontrarte con Dios". Estaba tan enojado que estuvo a punto de quemarlo, cuando se le ocurrió mandarlo como una buena broma a uno de sus amigos que también era ateo. Sin embargo, el amigo de él fue convencido y aceptó a Cristo como su Salvador por leer este folleto. También lo envió a otro amigo, quien también aceptó a Cristo. Dios puede usar folletos si los repartimos.

Por las calles de Caracas iba un misionero repartiendo folletos o dejándolos en las ventanas. Se dio cuenta de que se había pasado una casa. Se veía como si fuera una propiedad prohibida. ¿Por qué debe molestarse? Solo era una casa más. ¿Qué diferencia podría hacer una casa más? Pero él arrastró sus pies cansados a la entrada de la casa y arrojó el folleto por una pequeña ventana que estaba abierta. Antes de que él llegara a la calle, la puerta se abrió y una voz gritó: "Señor, muéstrenos sus libros". En un momento el misionero estaba adentro, predicando el evangelio a toda la familia. Note esto: La muchacha había recibido un folleto tres años atrás y había apreciado mucho la historia de Cristo. Ahora quería el libro grande: "La Biblia", con todas las historias. Ella estaba ansiosa de tenerla, y luego la familia le dijo: "¿No podría nuestra casa ser usada para que toda la villa se reúna y escuche?" Cuando el misionero se fue, volvió a mirar la casa, y pensó: "¡Pensé que solo era una casa más! Pero Dios tenía un plan para cambiar vidas, y por la gracia de Dios, este sería el inicio de otra iglesia". Nunca sabemos cómo Dios puede usar un folleto con el evangelio.

Dr. Panton contó de Leigh Richmond, quien una vez viajaba en carruaje. Él dijo: "Los pasajeros salieron a caminar, y él repartía folletos a todos los que conocían. Una persona tomó el folleto y lo partió en dos, y después lo tiró en el camino. Un viento lo levantó y lo trajo hasta un campo de heno donde había unos trabajadores sentados, y muy pronto estaban todos escuchando el folleto que era leído por uno que se lo había encontrado. Él lo observó cuidadosamente juntar las dos partes que habían sido rotas, y las unió con un hilo. El lector confió en Cristo como su Salvador. Se convirtió en un buen cristiano y en un distribuidor de folletos; de los demás, después de haber pasado

12 meses, tres personas se convirtieron en cristianos trabajadores y activos. ¡Es maravilloso saber que alguien puede romper un folleto y tirarlo, y aun así Dios puede usarlo, un folleto tirado, para ver gente salva! Dios usa folletos con el evangelio.

El Dr. Jacob Chamberlain, de la India, contó una ocasión a 1,700 personas que habían sido salvas por un pequeño folleto que él había escrito, y sin duda, si cada cristiano testificara acerca de cómo fue salvo, estaríamos asombrados del número de personas que fue alcanzado por folletos.

John Scudder, un físico prometedor de Nueva York, un día mientras visitaba a uno de sus pacientes, recogió un folleto de la mesa y lo leyó. El resultado de leerlo fue que él y su esposa fueran a la India como misioneros. Sus hijos todos fueron misioneros en esa tierra. La familia de los Scudders dio casi 600 años de servicio misionero en la India. Dar folletos con el evangelio si hace la diferencia.

J. Hudson Taylor, el gran fundador de la Gran Misión de China, fue convertido por un folleto que estaba en la biblioteca de su padre, cuando él tenía 15 años. ¡Dios usa folletos con el evangelio! ¡Amén!

Una de las cosas que siempre trato de hacer es dar folletos con el evangelio en dondequiera que yo vaya. Un día, mientras manejaba en una carretera en la que no había manejado por varios meses antes, pasé por una caseta de cuota. Pagué la cuota, y le di a la señorita un folleto que nosotros habíamos escrito acerca de nuestro bebé Alejandra, quien vivió por doce días. La señorita respondió con entusiasmo: "¡Ya he visto este folleto antes! ¡Ya lo leí! ¿Ella era su hija?" Cuando le dije que "Sí", ella me dijo que ¡otra compañera del trabajo se lo había compartido! ¡Piense en eso! ¡Yo le había dado un folleto a alguien más, y ella lo había compartido con su compañera de trabajo! Nunca sabemos qué sucederá cuando compartimos el evangelio o dejamos un folleto, y cómo Dios lo puede usar para impactar las vidas de la gente.

Se dice que el 5% de gente perdida, que no es salva, que lee un folleto acepta a Cristo como su Salvador. Si el 5% de la población de México recibiera a Cristo como resultado de recibir un folleto, eso sería alrededor de unas cinco millones de almas salvas. Los folletos con el evangelio pueden ir a muchos lugares, a los cuales los ganadores de almas no pueden ir y dar el evangelio a personas a quienes usted y yo no tendremos la oportunidad de testificar en persona, y pueden hablar un idioma que usted y yo no conozcamos. Ha sido dicho que un solo folleto pasa por las manos de seis personas antes de ser desechado.

¿Qué es lo que estoy tratando de decir? Reparta folletos. Dé el evangelio de Jesucristo a las multitudes. Reparta folletos a donde quiera que vaya. Nosotros hemos sido enviados a predicar el evangelio. No hay nada malo con dar un folleto con el evangelio a alguien. Dios puede usarlo para cambiar vidas. Hemos visto como Dios lo puede hacer. Dios quiere usarle para repartir folletos. Tal vez dice: "No soy muy bueno para hablarle a la gente". Entonces solo reparta un folleto con el evangelio. Dios le puede usar de alguna manera. Piense en esto: Un día, tal vez un padre o una madre, una niña o un niño estará en el Cielo y dirá: "Estoy tan feliz de que hayas dejado ese folleto. Estoy tan contento de que me hayas dado un folleto. Ahora estoy en el cielo porque le pedí a Cristo que fuera mi Salvador". Le animo a que reparta folletos con el evangelio, porque Dios puede usarlos para ver almas salvas y vidas cambiadas. Sé de un pastor que me dijo un día: "Siempre deja un folleto con el Evangelio". Él dijo: "Un día alguien dejó un folleto en mi casa, yo lo leí y fui salvo. Hoy en día soy pastor".

Reparta folletos con el evangelio cuando vaya a ganar almas. Si nadie está en casa, deje un folleto en la puerta. Si usted está pasando cerca de alguien en la calle, antes de llegar a otra puerta, y no puede pararlo y hablarle de Cristo, solo dele un folleto. Reparta folletos en todos lados, porque las personas serán salvas, y sus vidas serán cambiadas. Sé que no es fácil, pero cuando lo hacemos, Dios nos bendice. Necesitamos hacer lo que Cristo nos dice. Créame, será muy emocionante cuando escuchemos cuánta gente ha sido salva porque nosotros les dimos un folleto con el evangelio. Le animo a tener un ministerio para repartir folletos con el evangelio a todo el mundo. Hagamos todo lo que podamos para alcanzar al mundo con el evangelio.

Recuerdo cuando estaba en diputación, levantando sostén para venir a México. Una vez fui a una iglesia en West Virginia; esta iglesia tenía un maravilloso ministerio de folletos. Permítame explicarle como era. Algunas personas de la iglesia se reunían y repartían folletos. Mi esposa y yo fuimos con ellos a una universidad local. Solo repartíamos folletos a la gente y les decíamos: "Permítame darle buenas noticias", o "Permítame regalarle algo que cambió mi vida", o "Permítame regalarle algo gratis para leer. Permítame darle un regalo gratis". Lo presentábamos así, y repartíamos folletos como locos. La iglesia nos dijo que mucha gente había sido salva y muchas vidas habían sido cambiadas. Esta era una oportunidad para la gente en la iglesia para compartir el evangelio. Yo les animo a los pastores, iglesias e individuos para que decidan involucrarse en un ministerio de folletos con el evangelio, para salir y repartir folletos con el evangelio.

Entonces, vayamos y repartamos folletos con el evangelio. Reparta folletos a cada individuo. Reparta folletos en lugares y en los negocios. Reparta folletos en los autoservicios. Reparta folletos en las casetas de cuota. Reparta folletos en las tiendas de abarrotes. Reparta folletos en los departamentos, en las puertas y en las entradas. Reparta folletos en las casas. Reparta folletos en los carros. Reparta folletos en los baños públicos. Reparta folletos en los lugares públicos. Reparta folletos en los parques. Reparta folletos en los asilos de ancianos. Reparta folletos en los hospitales y enfrente de los hospitales. Usted puede ir a las calles muy transitadas, donde hay gente caminando, y puede repartir miles de folletos. Usted puede juntar a sus jóvenes o a muchos de sus compañeros, y decirles: "No tienen que decir mucho; solo diga: "Permítame darle un regalo gratis", y ellos pueden repartir folletos. Reparta folletos a los meseros en los restaurantes. Reparta folletos a taxistas. Reparta folletos cuando pague el recibo del agua, el recibo de la luz, el del teléfono, etcétera. Reparta folletos por correo al enviar regalos o tarjetas. Reparta folletos con tarjetas y regalos en general. Reparta folletos en todo lo que haga.

Nunca olvidaré, cuando por primera vez empecé a tratar de dar el evangelio, iba al Tec de Virginia. El pueblo en el cual yo crecí era un pueblo con una grande universidad. Yo era muy tímido y reservado en aquel entonces y no hablaba mucho. Solamente decía: "Permítame darle algo para leer que cambió mi vida", o "Permítame darle algo gratis para leer", o "Permítame darle buenas noticias". Solo repartía folletos. Siempre recuerde: Dios le usará si usted reparte folletos.

La Biblia dice que nosotros debemos predicar el evangelio. Cada cristiano tiene que hacer su mejor esfuerzo para ayudar a la gente a confiar en Cristo como su Salvador. Usted puede ir y repartir folletos en diferentes lugares. Reparta folletos mientras viaja en muchos diferentes lugares. Use su imaginación. ¡Sea creativo! Dé folletos en los camiones, a los conductores del camión, a los pasajeros, o solo deje unos cuantos en el camión al bajarse. Un predicador dijo que cuando iba al súper, él dejaba folletos detrás de las cajas, en los bolsillos de la ropa, etcétera, etcétera. Las hermanas, cuando van de compras, ellas pueden repartir folletos de esta manera. Un predicador dijo que él conoció a la esposa de un misionero que fue salva al leer un folleto que estaba detrás de una lata de frijoles en un súper. Usted nunca sabe qué pasará cuando usted deja un folleto en algún lugar y cómo Dios puede usarlo para cambiar la vida de alguien.

Las oportunidades son ilimitadas para compartir el evangelio repartiendo folletos. Día tras día, usted se topa con personas y conoce gente. Deles un folleto con el evangelio. Cristo dijo: "Id a todo el mundo y predicad el evangelio a toda criatura". Nosotros debemos hacer todo lo posible para alcanzar a otros con el evangelio. He notado que los centros de las ciudades están llenos de gente. Simplemente vaya y reparta cientos y cientos de folletos. Si un policía le detiene, ¡dele un folleto! ☺ Bueno, dele un folleto, pero evite que lo detenga. Si usted fuera americano, ¡eso sucedería muy seguido! Yo les he dado muchos folletos a los federales y a los policías. Y me digo a mi mismo: "Que Dios te bendiga. Espero verte algún día en el cielo. Gracias por la multa". No. Debemos hacer todo lo que podamos hacer para dar el evangelio a cada persona. ¡Hay que repartir folletos con el evangelio!

Un domingo en la mañana, un hombre vio a un grupo de hombres parados en la esquina de la calle y les dio a cada uno de ellos un folleto. Uno de ellos era bromista; era considerado el alma de la fiesta. Él dijo: "Lo que es bueno para el alma debe ser bueno para el cuerpo". Y entonces, arrugó el folleto y se lo echó a la boca. Por supuesto, todos sus amigos se rieron, pero ellos insistieron que él no solamente debía masticarlo sino pasárselo, pues de esa manera, así él podría provechar todo lo que había escrito en él. Y por no querer echar a perder la broma, él lo hizo así. Después este hombre se enfermó terriblemente; y no fue su estómago el que se dañó, sino su alma y su conciencia que estaban afectadas. Sentía que había hecho algo muy tonto, algo muy descortés, pero lo peor de todo, él sentía que había despreciado el evangelio de Dios y hecho un chiste de ello. Él estaba muy preocupado por eso. Cayó la tarde, y pensó que iba a compensarlo, si asistía al servicio evangélico. Y, ¡Gloria a Dios!, esa noche él fue salvo. Un hombre puede comer un folleto, y Dios puede usar esto para convencer su alma de la necesidad de Jesucristo. ¡Repartamos folletos con el evangelio!

Un joven llegó a su casa para contarle a su papa sobre su salvación. El anciano se enojó muchísimo al saber que su hijo había sido salvo; entonces lo echó de la casa. Sin embargo, el hijo dejó un folleto al salir. Al día siguiente por la mañana el hijo regresó a ver a su padre. Él dijo: "Anoche mi padre estaba lleno de enojo, pero esta mañana estaba lleno de gozo". Él fue salvo a través del folleto que su hijo dejó. ¡Repartamos folletos con el evangelio!

Un día, cerca de las nueve de la mañana, un tren hizo una parada en la estación donde subió pasajeros, y volvió a salir. El jefe de la estación estaba dispuesto a descansar cuando de repente, un caballero que había perdido el tren, con su cara molesta y con su temperamento furioso, llegó muy de prisa. El hombre dijo: "¡Hubiera preferido dar 25 dólares más, que haber llegado tarde esta mañana! ¿Ahora qué voy a hacer?"

El jefe de la estación le dijo: "Señor, hay una sala de espera muy cómoda adentro. Si usted gusta puede sentarse". Había una mesa que estaba en el centro de la sala con diferentes folletos en ella. Los folletos estaban bien escogidos y eran atractivos. El caballero escogió uno y se sentó para leerlo.

Un mes después de esto, el jefe de la estación estaba en la plataforma, cuando el tren se detuvo y un caballero salió diciendo: "¿Se acuerda de mí?"

"Si, señor, usted es el caballero que perdió el tren y se había molestado por eso".

El caballero le respondió: "No debí haber estado así. Perdí el tren esa mañana, pero encontré al Salvador. Había estado tan ocupado con negocios que no me había dado tiempo para pensar en Dios. El folleto me guio a Jesucristo. Yo no sabía lo que era la felicidad antes".

Si usted es pastor, ¿dirá hoy?: "Voy a empezar un ministerio de repartir folletos en mi iglesia". O si usted es un miembro de una iglesia, ¿dirá hoy?: "Yo ayudaré a mi pastor a repartir folletos en todos lados". ¡Tenemos que repartir folletos por Cristo!

Hay gente allá afuera que va a ser salva si nosotros repartimos folletos. Así que, ¿dirá usted hoy?: "Voy a repartir folletos con el evangelio para Cristo". Creo que si todos decidimos repartir folletos, podremos ver una gran cosecha de almas salvas.

Entonces, ¡repartamos folletos!

Capítulo 6

La Seguridad de la Salvación

La Biblia dice en 1 Juan 5:11-13: "Y éste es el testimonio: que Dios nos ha dado vida eterna; y esta vida está en su Hijo. El que tiene al Hijo, tiene la vida; el que no tiene al Hijo de Dios no tiene la vida. Estas cosas os he escrito a vosotros que creéis en el nombre del Hijo de Dios, para que sepáis que tenéis vida eterna, y para que creáis en el nombre del Hijo de Dios".

Tengo la seguridad de que, cuando muera, iré al cielo. Eso suena como a una declaración egoísta u orgullosa, pero no lo es. En este pasaje, Dios dice que Él quiere que nosotros sepamos con seguridad que iremos al Cielo.

La Biblia dice en Juan 3:14-17: "Y como Moisés levantó la serpiente en el desierto, así es necesario que el Hijo del Hombre sea levantado; para que todo aquel que en él cree, no se pierda, mas tenga vida eterna. Porque de tal manera amó Dios al mundo, que ha dado a su Hijo unigénito, para que todo aquel que en él cree, no se pierda, mas tenga vida eterna. Porque no envió Dios a su Hijo al mundo para condenar al mundo, sino para que el mundo sea salvo por él". La Biblia dice: "Y como Moisés levantó la serpiente en el desierto, así es necesario que el Hijo del Hombre sea levantado". Los Israelitas quejaron y pecaron contra

Dios, y la Biblia dice en Números 21:6-9: "Y Jehová envió entre el pueblo serpientes ardientes, que mordían al pueblo: y murió mucho pueblo de Israel. Entonces el pueblo vino a Moisés y dijo: Hemos pecado por haber hablado contra Jehová, y contra ti; ruega a Jehová que quite de nosotros estas serpientes. Y Moisés oró por el pueblo. Y Jehová dijo a Moisés: Hazte una serpiente ardiente, y ponla sobre una asta; y cualquiera que fuere mordido y mirare a ella, vivirá. Y Moisés hizo una serpiente de bronce, y la puso sobre una asta; y cuando alguna serpiente mordía a alguno, miraba a la serpiente de bronce, y vivía".

Por eso la Biblia dice: "Y como Moisés levantó la serpiente en el desierto, así es necesario que el Hijo del Hombre sea levantado". Cuando los Israelitas miraban a esa serpiente de bronce, ellos vivieron. Así es, si usted mira y confía solo en Jesús, que Jesucristo murió en la cruz para perdonarle de sus pecados y salvarle del Infierno, ¡será salvo del Infierno e irá al cielo algún día! Por eso la Biblia dice: "Y como Moisés levantó la serpiente en el desierto, así es necesario que el Hijo del Hombre sea levantado; para que todo aquel que en él cree, no se pierda, mas tenga vida eterna". "Porque de tal manera amó Dios al mundo, que ha dado a su Hijo unigénito, para que todo aquel que en él cree, no se pierda, mas tenga vida eterna. Porque no envió Dios a su Hijo al mundo para condenar al mundo, sino para que el mundo sea salvo por él". Jesús no vino para condenarle; Jesús vino para salvarle.

La Biblia dice en Juan 3:36: "El que cree en el Hijo tiene vida eterna; pero el que rehúsa creer en el Hijo no verá la vida, sino que la ira de Dios está sobre él". La Biblia dice que si usted no cree en Jesús, no verá la vida eterna, pero usted verá la ira de un Dios Todopoderoso, santo, y puro permaneciendo en usted. Pero, si cree en Jesucristo, usted tiene (tiempo presente) vida eterna.

La Biblia dice en Juan 5:24: "De cierto, de cierto os digo: El que oye mi palabra, y cree al que me envió, tiene vida eterna; y no vendrá a condenación, mas ha pasado de muerte a vida". Cuando usted confía en Jesús, tiene vida eterna.

La Biblia dice en Juan 11:25: "Le dijo Jesús: Yo soy la resurrección y la vida; el que cree en mí, aunque esté muerto, vivirá".

La Biblia dice en Juan 1:12: "Mas a todos los que le recibieron, a los que creen en su nombre, les dio potestad de ser hechos hijos de Dios". Cuando usted recibe a Jesús como su Salvador, se hace un hijo de Dios. En otras palabras, es parte de la familia de Dios. Y Jesús dice: "No te desampararé, ni te dejaré". (Hebreos 13:5)

La Biblia dice en el libro de Hechos que Pablo y Silas compartían el Evangelio, y ellos echaron afuera a un demonio de una muchacha, y la toda la gente se enfureció.

La Biblia dice en Hechos 16:22-31: "Y se agolpó el pueblo contra ellos; y los magistrados, rasgándoles las ropas, ordenaron azotarles con varas. Después de haberles azotado mucho, los echaron en la cárcel, mandando al carcelero que los guardase con seguridad. El cual, recibido este mandato, los metió en el calabozo de más adentro; y les aseguró los pies en el cepo. Pero a medianoche, orando Pablo y Silas, cantaban himnos a Dios; y los presos los oían. Entonces sobrevino de repente un gran terremoto, de tal manera que los cimientos de la cárcel se sacudían; y al instante se abrieron todas las puertas, y las cadenas de todos se soltaron. Despertando el carcelero, y viendo abiertas las puertas de la cárcel, sacó la espada y se iba a matar, pensando que los presos habían huido. Mas Pablo clamó a gran voz, diciendo: No te hagas ningún mal, pues todos estamos aquí. Él entonces, pidiendo luz, se precipitó adentro, y temblando, se postró a los pies de Pablo y de Silas; y sacándolos, les dijo: Señores, ¿qué debo hacer para ser salvo? Ellos dijeron: Cree en el Señor Jesucristo, y serás salvo, tú y tu casa".

La Biblia no dice: "Cree en el Señor Jesucristo y quizás, o tal vez, o posiblemente serás salvo". No, La Biblia dice: "Ellos dijeron: Cree en el Señor Jesucristo, y serás salvo, tú y tu casa".

La Biblia dice: "Él que tiene al Hijo tiene la vida". Cuando nosotros recibimos a Jesús en nuestros corazones como nuestra única esperanza para ir al Cielo y como nuestro Salvador, entonces tenemos vida eterna.

Una vez que tenemos a Jesús en nuestros corazones y vidas, no le podemos perder. Él nunca saldrá de nuestro corazón. Jesús dice en Hebreos 13:5b: "No te desampararé, ni te dejaré". Tenemos la seguridad eterna en Jesucristo. La Biblia dice en Romanos 11:29: "Porque irrevocables son los dones y el llamamiento de Dios". ¿Qué quiere decir esto? Dios no cambia de idea; Él no va a quitarle Su regalo de vida eterna. Una vez que recibimos el regalo de vida eterna por medio de Jesucristo nuestro Señor, (en otras palabras, cuando recibimos a Jesús como nuestro Salvador), Jesús está en nuestros corazones para siempre, y un día iremos al cielo. Esa es la promesa de Dios. ¿Cumple Dios sus promesas? Sí, lo hace. Él que tiene el Hijo de Dios, tiene vida eterna.

Como evangelista, el deseo de mi corazón es ver a personas aceptar a Cristo como su Salvador y ser salvos. Este deseo arde dentro de mí. Es el enfoque de mi vida. Entonces, hice un estudio sobre grandes ganadores de almas, y descubrí algo muy interesante: Todos ellos toman algún tiempo para repasar la seguridad de la salvación después de que una persona ha aceptado a Cristo como su Salvador.

El hermano Bob Gray dijo: "Es importante que, antes de que usted los deje, usted los guíe a la seguridad de su salvación. La Palabra de Dios es muy clara; cuando usted invita al Señor Jesucristo en su corazón, Él entra, perdonándole y limpiándole de todo pecado. Él nunca, jamás le dejará. Él le dará vida eterna".

He seleccionado una parte de un libro escrito por un gran evangelista David Wood: "Él estaba predicando en una reunión un domingo en la mañana cuando un hombre de mediana edad entró a la iglesia, sin invitación y sin acompañante. Al final del servicio él junto con otros, pasaron al frente para recibir a Cristo. Fueron atendidos por miembros del personal de la iglesia. Como era su costumbre, el Evangelista David Wood buscó hablar con los nuevos creyentes, incluyendo a ese hombre. Después de hablar con él por un momento, el evangelista notó que algo no andaba bien. Él lo llamó aparte y pasó hablando unos 10 minutos con él. Cuándo se retiró, ¡el hombre estaba radiante! Esa misma noche regresó a la iglesia y se bautizó. Después asistió a todos los cultos de la cruzada, creciendo espiritualmente a saltos agigantados.

¿Cuál fue el problema con éste hombre? Algo que un ganador de almas con menos experiencia pasó por alto, y algo que puede ser una de las cosas más difíciles para un recién convertido. El hombre fue sincero en su profesión inicial, pero no tenía la seguridad de su salvación.

Posiblemente ha oído el término eléctrico: "ser afirmado a tierra" o "ser conectado a tierra". Cuando algo es conectado a tierra, hace contacto con la tierra y evita el peligro. Esto mismo se aplica en lo espiritual. Muchos bebés espirituales deambulan en su crecimiento ya que no han recibido ya que no han sido afirmados inmediatamente después de su conversión.

La afirmación espiritual requiere tres principios: Darles seguridad de la salvación, animarlos a hacer una profesión pública de fe, y entrenarlos para que testifiquen a otros.

Todo ganador de almas quiere ver a sus convertidos empezar a crecer en gracia inmediatamente. Por esto, uno de los momentos más difíciles es cuando un recién convertido tropieza en la salida. Algunas veces repiten la oración del pecador, le miran con una sonrisa, y dicen: "Creo que soy salvo". Otras veces con el ceño fruncido, dicen: "Realmente no estoy seguro". También habrá ocasiones cuando el convertido venga un par de días después y compartirá con usted su frustración sobre algo que acaba de pasarle – posiblemente se trata de un pecado.

¿Ha perdido la salvación? ¡Por supuesto que no! La salvación es basada en la Palabra de Dios, no en las emociones o en nuestras condiciones. Recuerde que la cosecha es del Señor, y Él puede mantener aquello que Él salvó. Déjele siempre los resultados a Dios.

¿Sería que le presionó demasiado? ¿Debería contenerse en su ardor por testificar? ¡No! Usted ya debe saber que al igual que la salvación no debe ser basada en los sentimientos, así tampoco debe ser el ganar almas; debemos ser obedientes a Su mandamiento. Hay muy pocas herramientas usadas por Satanás más efectivamente, que desanimen a los laicos, a los predicadores, y aún a las iglesias que este problema.

Pero, ¿qué pudo haber pasado? ¿Qué causa que un cristiano deje de ir a la iglesia y deje de hacer lo correcto? El pecado, la carne y el Diablo. ¿Qué causaría que alguien que ha estado yendo a la iglesia por años y años, de repente, deje de ir a la iglesia? El pecado, la carne y el Diablo. Todos nosotros sabemos que luchamos contra esas tres cosas: el pecado, la carne y el Diablo, ¿verdad? Por lo tanto, ¿no es lógico que los nuevos convertidos lucharan contra ellos también? El Diablo les dirá a ellos: "¡Mira lo que estás haciendo! ¿Piensas que eres salvo? ¡No eres salvo!" Entonces ¿qué debemos hacer para ayudarlos? Necesitamos enseñarles que, una vez que le piden a Jesús que sea su Salvador, Él está en sus corazones por siempre. Nunca los dejará ni los abandonará, y un día irán al cielo. Su salvación está basada en la Palabra de Dios; no en los sentimientos, ni en las acciones, ni en las obras. Tenemos que darles la seguridad de su salvación.

Pero, ¿qué pudo haber pasado? Una variedad de cosas. Todo recién convertido pecará, posiblemente en un área en la que él ha estado luchando. Cuando esto suceda, puede que él cuestione su propia salvación.

Recuerde también, que cada convertido lleva problemas personales a su nueva vida cristiana: esposo, esposa, hijos, padres, trabajo, finanzas, etc.

Otro factor es que muchas de estas personas no tienen bases doctrinales firmes. Son personas sin experiencia doctrinal, y no tienen nada de entrenamiento práctico sobre cómo vivir la vida cristiana.

Entonces, ¿cómo cumplimos con este reto? La mejor manera es darle al nuevo creyente la seguridad inmediatamente, la seguridad inmediata de su salvación.

Una de las palabras más fabulosas en la Biblia es "saber". Hay un énfasis acerca de las cosas definidas que Dios quiere que sepamos. No puede haber seguridad, ni confianza en la vida cristiana y definitivamente tampoco habrá crecimiento ni desarrollo, sin un conocimiento básico y firme de nuestra salvación personal. La pequeña y maravillosa epístola de Primera de Juan está cargada con la palabra "saber". Dios realmente quiere que los convertidos sepan que irán al cielo cuando mueran.

Algunas veces, se puede empezar con la pregunta: "¿Crees que vas a volver a pecar?" Sorprendentemente, algunos dicen que no, siendo una razón por la que un buen número de convertidos caen tan rápidamente después de su conversión, y por la que necesitan ser afirmados. Sin embargo, generalmente responden: "Sí, creo que sí".

Normalmente, el Dr. Wood comparte 1 Juan 1:8, 10: "Si decimos que no tenemos pecado, nos engañamos a nosotros mismos, y la verdad no está en nosotros. Si decimos que no hemos pecado, le hacemos a él mentiroso, y su palabra no está en nosotros".

Ellos empiezan a comprender que todos van a pecar y que la única persona perfecta quien caminó en este mundo fue nuestro Señor Jesús. Por esto, él les enseña varias cosas en orden: Todo aquel que clama ser salvo y dice que no peca se engaña a sí mismo; no tiene la verdad y no tiene la Palabra de Dios.

Después el Dr. Wood continua con 1 Juan 2:1 y les muestra que los salvos pecarán aunque no sea la voluntad de Dios. ¡Es más, antes que fuéramos salvos Jesús era nuestro Juez; pero, ahora es nuestro Abogado, y nunca ha perdido ningún caso!

El Dr. Wood enfatiza: "Cuando peque, confiéselo inmediatamente". La Biblia dice: "Si confesamos nuestros pecados, él es fiel y justo para perdonar nuestros pecados y limpiarnos de toda maldad". (I Juan 1:9) Él enfatiza especialmente el "perdón" de Dios y Su limpieza en nosotros.

En una ocasión, El Dr. Wood guio a una señora que era muy religiosa al Señor, pero aún después de haber hecho su profesión de fe, ella permaneció fría y negativa. Él continuó con el principio de la seguridad; ella aceptó esta verdad bíblica, pero todavía no demostraba gozo. Después él le enseño qué hacer cuando ella pecara. Entonces hubo un cambio drástico en su semblante. Su alma se llenó de gozo, y ella llorando dijo: "¡Ahora lo comprendo! ¡Jesús ha perdonado todos mis pecados! ¡Ya soy de Su familia!"

Muéstreles que Jesús siempre estará en sus corazones y nunca los dejará, aun cuando ellos pequen. Jesús no quiere que ellos pequen; pero aun así Él nunca los dejará, y Él promete que Él los llevará al Cielo.

Dr. Wood explico está manera en la que usted puede dar la seguridad de la salvación, usando Romanos 10:13. Léale en voz alta Romanos 10:13 una vez más. Después, use lo siguiente para enfatizar el mensaje de este versículo:

"¿Quién es 'todo aquél'?" (CUALQUIERA)

"¿Significa usted?" (SÍ)

"¿A quién acaba de invocar?" (A JESÚS)

"¿Qué le pidió a Cristo que hiciera por usted?" (QUE ME SALVARA)

"¿Fue sincero?" (SÍ)

"¿Qué prometió hacer?" (SALVARME)

"¿Salvarlo de qué?" (DEL INFIERNO)

"¿Puede Dios mentir?" (NO)

"Entonces si usted muriera ahora mismo, ¿adónde iría?" (AL CIELO)

"Si usted muriera mañana, ¿adónde iría?" (AL CIELO)

"Si muriera dentro de diez años, ¿adónde iría?" (AL CIELO)

Algunas personas hacen un acta de nacimiento espiritual, usando un folleto o un papel para la persona que acaba de ser salvo. Por ejemplo: "En este día, (la fecha), (el nombre de la persona) aceptó a Cristo". Ahora, cuando el Diablo intente causarle dudas acerca de que usted no es salvo, puede decir: "No, Diablo. ¿Ves esta fecha en este papel? Éste es el día que le pedí a Jesús que me salvara. Diablo, ¡lárgate de aquí! La Biblia dice en Romanos 10:13: 'Porque todo aquel que invocare el nombre del Señor será salvo'. ¡Soy salvo y voy al Cielo!"

Evangelista David Wood dijo: "Al tratar con una persona que esté dudando si él alguna vez ha sido salvo verdaderamente, le muestro la necesidad de resolver ese asunto en ese momento, recibiendo a Cristo. He encontrado que una persona que siempre duda si alguna vez ha sido salvo verdaderamente, no puede servir al Señor eficazmente. Una pregunta que a menudo hago es: '¿Si usted recibiera a Cristo ahora mismo, eso resolvería el asunto en su corazón?" Ésta ha sido una gran ayuda y ha traído gran paz en los corazones de un gran número de personas".

Me gusta la ilustración acerca del granjero que tenía muchas dudas sobre si él alguna vez realmente había recibido a Cristo.

"Una mañana, como siempre, el granjero se levantó temprano para desayunar antes de iniciar otro día de duro trabajo. Al sentarse a la mesa frente al desayuno, él comenzó a dudar si él alguna vez verdaderamente había sido salvo. Inmediatamente él se puso de pie, caminó afuera, bajó del porche, y fue al granero. Mientras él iba al granero, él agarró un poste, un martillo, y un trinchante o cuchillo. Entonces caminó a la puerta trasera del granero, se arrodilló, oró, y le pidió a Cristo que le salvara. Después de recibir a Cristo, él grabó la fecha de ese día en el poste y lo metió en la tierra. Algunos días pasaron. Entonces una mañana, mientras el granjero se sentaba en la mesa frente al desayuno, el Diablo intentó causarle dudas sobre su decisión de recibir a Cristo. Inmediatamente, él se puso de pie y severamente le dijo al Diablo que lo siguiera. Caminaron por el mismo camino por el que el granjero había ido algunos días antes. Al llegar al lugar donde el granjero había recibido a Cristo como su Salvador, él señaló al poste y gritó: "SATANÁS, ¿VES ESE POSTE? HACE DOS DÍAS CUANDO RECIBÍ A CRISTO, PUSE ESTE POSTE EN EL SUELO. ¡SÉ QUE SOY SALVO! ¡EL ASUNTO ESTÁ RESUELTO! ¡AHORA, LÁRGATE!" Entonces Satanás inmediatamente salió. Es mucho mejor resolverlo de una vez por todas que pasar la vida dudando".

Aquí hay algunas cosas que yo hago para explicar la seguridad de salvación:

Digo: "¿Cuántas veces nació Jesucristo en este mundo? Una vez, ¿verdad? ¿Cuántas veces murió Jesucristo en la cruz? Una vez, ¿verdad? ¿Cuántas veces Jesucristo resucitó de los muertos? Una vez, ¿verdad? Entonces, ¿cuántas veces necesitamos recibir a Jesucristo en nuestros corazones y vidas para ir al cielo? Una vez, ¿verdad? Cuando aceptamos a Jesucristo, confiando que Él murió en la cruz para salvarnos y llevarnos al cielo, Jesús está en nuestros corazones para siempre, y un día Él va a llevarnos al cielo".

A veces yo digo: "¿Cuántas veces ha nacido usted en su familia? Una vez, ¿verdad? Entonces ¿cuántas veces necesita recibir a Jesucristo para ser parte de la familia de Dios e ir al cielo? Una vez, ¿verdad? Entonces, si usted muriera hoy, ¿a dónde iría – al cielo o al infierno? Al cielo, ¿verdad? Si usted muriera en 10 años, ¿a dónde iría? Al cielo, ¿verdad? Si usted muriera en 30 años, ¿a dónde iría? Al cielo, ¿verdad? Etcétera.

Quiero enfatizar esto: Las personas que ganamos para el Señor necesitan tener la seguridad de su salvación. Use versículos como estos:

La Biblia dice en Romanos 10:9-10 y 13: "Que si confesares con tu boca que Jesús es el Señor, y creyeres en tu corazón que Dios le levantó de los muertos, serás salvo. Porque con el corazón se cree para justicia, pero con la boca se confiesa para salvación. Porque todo aquel que invocare el nombre del Señor, será salvo".

Jesús dijo en Juan 10:28-29: "Y yo les doy vida eterna; y no perecerán jamás, ni nadie las arrebatará de mi mano. Mi Padre que me las dio, es mayor que todos, y nadie las puede arrebatar de la mano de mi Padre".

La Biblia dice en Efesios 1:12-14: "A fin de que seamos para alabanza de su gloria, nosotros los que primeramente esperábamos en Cristo. En él también vosotros, habiendo oído la palabra de verdad, el evangelio de vuestra salvación, y habiendo creído en él, fuisteis **sellados** con el Espíritu Santo de la promesa, que es las arras de nuestra herencia hasta la redención de la posesión adquirida, para alabanza de su gloria".

Me encanta lo que estos versículos nos enseñan. Estamos en la mano del Padre. Estamos en la mano del Hijo de Dios, y hemos sido sellados por el Espíritu Santo. En otras palabras, nada puede sacarnos o quitarnos de la mano del Padre o de la mano del Hijo de Dios, y nada puede romper el sello del Espíritu Santo. Un sello conserva algo y lo mantiene protegido. En otras palabras, nada puede separarnos de Dios. Estamos protegidos por Dios.

No podemos trabajar para poder ir al Cielo. Jesús tuvo que morir por nuestros pecados, porque nosotros no podemos trabajar para ir al cielo. No podemos trabajar para mantener nuestra salvación tampoco, porque eso significaría que la muerte de Jesús no fue suficiente. No podemos hacer buenas obras para obtener o mantener nuestra salvación. Necesitamos a Jesús. No podemos hacer nada para salvarnos. Somos incapaces por nosotros mismos. Por eso necesitamos al único Salvador, Jesucristo, para salvarnos de nuestros pecados y salvarnos del Infierno y para llevarnos al Cielo algún día.

Por eso la Biblia dice en Hechos 4:12: "Y en ningún otro hay salvación; porque no hay otro nombre bajo el cielo, dado a los hombres, en que podamos ser salvos". Juan 14:6 dice: "Jesús le dijo: Yo soy el camino, y la verdad, y la vida; nadie viene al Padre, sino por mí". Romanos 6:23 dice: "Porque la paga del pecado es muerte, mas la dádiva de Dios es vida eterna en Cristo Jesús Señor nuestro". Efesios 2:8-9 dice: "Porque por gracia sois salvos por medio de la fe; y esto no de vosotros; pues es don de Dios; no por obras, para que nadie se gloríe".

Nosotros no podemos trabajar para poder ir al Cielo. No podemos mantener nuestra salvación. La única forma que podemos ir al Cielo es confiando en Jesús. Otra vez Juan 14:6 dice: "Yo soy el camino, y la verdad, y la vida; nadie viene al Padre, sino por mí".

Nada puede separarnos de ir al cielo. Nada puede separarnos de Jesucristo. Romanos 8:35, 37-39 dice: "¿Quién nos separará del amor de Cristo? ¿Tribulación, o angustia, o persecución, o hambre, o desnudez, o peligro, o espada? Antes, en todas estas cosas somos más que vencedores por medio de aquel que nos amó. Por lo cual estoy seguro de que ni la muerte, ni la vida, ni ángeles, ni principados, ni potestades, ni lo presente, ni lo por venir, ni lo alto, ni lo profundo, ni ninguna otra cosa creada nos podrá separar del amor de Dios, que es en Cristo Jesús Señor nuestro". Entonces, nada puede separarnos de ir al Cielo. Nada puede separarnos de Jesucristo.

La Biblia dice en 1 Juan 5:12: "El que tiene al Hijo, tiene la vida; el que no tiene al Hijo de Dios no tiene la vida".

Jesús dijo en Juan 6:47: "De cierto, de cierto os digo: El que cree en mí, tiene vida eterna". Cuando nosotros confiamos en Jesucristo, nosotros tenemos vida eterna. Siempre debemos explicar la seguridad de salvación a los nuevos convertidos.

Capítulo 7

Señor, Dame Almas o me Muero

La Biblia dice en Romanos 9:1: "Verdad digo en Cristo, no miento, y mi conciencia me da testimonio en el Espíritu Santo, que tengo gran tristeza y continuo dolor en mi corazón. Porque deseara yo mismo ser anatema, separado de Cristo, por amor a mis hermanos, los que son mis parientes según la carne". (Romanos 9:1-3)

Aquí tenemos al gran apóstol Pablo, uno de los más grandes misioneros de todos los tiempos, y sin duda uno de los más grandes ganadores de almas. Y él estaba diciendo: "Tengo gran tristeza y continuo dolor en mi corazón por mis hermanos, mis parientes {Israel} según la carne. Estoy dispuesto a ser separado de Cristo por mis hermanos, para que sean salvos". En otras palabras, Pablo estaba diciendo: "Estoy dispuesto a morir e ir al infierno para siempre para que Israel sea salvo". Ahora eso es imposible. No se puede perder la salvación, pero esa era la carga, esa era su pasión, ese era el deseo que el apóstol Pablo tenía. Él estaba dispuesto a morir e ir al infierno, y sufrir para siempre para que los demás fueran salvos. Creo que estaba diciendo algo así como un gran predicador dijo una vez: "Señor, ¡dame almas, o me muero! Oh, Señor, ¡dame almas, o me muero!" Quiero hablarle sobre el tema: "Señor, dame almas, o me muero".

Hace años en el estado de Kentucky en los Estados Unidos, una familia vivía en un valle. Esta familia tenía el único radio por millas. Por ese pequeño radio, ellos se enteraron de que había un tornado cerca, y se dirigía hacia la dirección del valle. El padre envió a su hijo para advertir a la familia Renfro sobre la tormenta que se acercaba, para decirles que debían ir al sótano de su casa. El muchacho salió corriendo por la puerta y sólo a unos pocos metros de su casa, se dio cuenta de que había un pájaro solitario que estaba en un árbol. Como algunos niños hacen, él tomó una piedra y la lanzó al pájaro, pero el pájaro se fue volando. Después de un momento, el pájaro volvió a esa misma rama. Esta vez, la piedra dio en el blanco, y el pájaro cayó a tierra.

Cuando el niño tenía en su mano el pájaro muerto, oyó un rugido terrible. Observó en las nubes verdes y en medio de ellas, un tornado. Al instante, el tornado golpeó la casa de la familia Renfro, y los ojos horrorizados del niño vieron a cuatro cuerpos ser lanzados como si fueran paja hacia el bosque.

El niño arrojó al pájaro y corrió hacia su casa. El padre había visto el tornado golpear la casa de la familia Renfro y también había visto a la familia destruida. Cuando el niño se acercó al porche de su casa, el padre tomó los hombros de su hijo con sus fuertes manos. Él dijo: "Hijo, tenías bastante tiempo para advertir a la familia Renfro. ¿Por qué no lo hiciste?"

Él dijo: "Oh, papá, cuando iba, vi éste pájaro en un árbol y le tiré una piedra. Fallé en el intento, así que tiré otra nuevamente y lo golpeé. Yo estaba sosteniendo el pájaro muerto cuando llegó el viento..."

El padre interrumpió al muchacho y le dijo: "Hijo, ¿qué es eso que está en tu mano?"

Él dijo: "Es la sangre del pájaro".

El padre dijo: "No, hijo mío, es la sangre de la familia Renfro a quien nunca les advertiste".

Me pregunto si con demasiada frecuencia nosotros estamos tan ocupados lanzando piedras a los pájaros, mientras las personas pasan de ésta vida a la eternidad, sin saber acerca de Cristo. Si es así, debemos recordar las palabras de Ezequiel 33:8: "Cuando yo dijere al impío: Impío, de cierto morirás; si tú no hablares para que se guarde el impío de su camino, el impío morirá por su pecado, pero su sangre yo la demandaré de tu mano". (Ezequiel 33:8) Mi pregunta es: ¿Estamos haciendo todo lo posible para advertir a otras personas sobre los peligros del infierno, que van a quemarse allí por siempre y para siempre? Si no lo estamos haciendo, su sangre estará sobre nuestras manos. ¿Notó eso? ¿Estamos haciendo todo lo posible para advertirles a otros? o ¿su sangre estará en nuestras manos?

Nuestras iglesias están llenas de cristianos quienes nunca han derramado una lágrima por el mundo perdido. No hay suficientes personas con compasión, que quieran conocer más a Dios y que clamen por la salvación de las almas. La Biblia dice: "Los que sembraron con lágrimas, con regocijo segarán. Irá andando y llorando el que lleva la preciosa semilla: Mas volverá a venir con regocijo, trayendo sus gavillas". (Salmos 126:5-6) Tenemos que tener compasión. Tenemos que tener lágrimas. ¡Tenemos que llorar por las almas perdidas que están muriendo y que están yendo al infierno! Dios, envíe obreros para hacer una diferencia. ¡Dios, ayúdenos a hacer la diferencia! ¡Oh, Dios, salva almas!

Tenemos una mala idea de que a los hombres no les importa hablar de la salvación de su alma. Nuestros labios se han sellado. Wilbur Chapman dijo: "Tengo posiblemente el testimonio más triste que nadie más. Me hospedé con un hombre en la universidad desde hace casi dos años. Yo era un estudiante del ministerio, y yo sabía que él no era cristiano. Pero nunca le advertí ni una vez. Al final de mi curso de universidad, él me dijo: '¿Por qué nunca me preguntaste si yo era cristiano?'

"Le dije, que yo pensaba que no le importaba, pero luego me dijo que esa era la razón por la que había elegido compartir la habitación conmigo, y que no hubo ni un día ni una noche que él no estuvo dispuesto para hablar. Luego, cuando intenté guiarlo a Cristo, no pude convencerle porque no aproveché antes la oportunidad. Yo lo había pospuesto y pospuesto".

¿Cuánta gente morirá e irá al infierno porque decimos: "Mañana, mañana, mañana". "¡Otro día!" "Ellos aún no están listos."? Pero Jesús dijo que los campos están blancos para la

107

siega. Entonces ¡salgamos y alcancemos a otros! ¡Tenemos que hacer algo para ayudarlos a escapar de las llamas del infierno! Tenemos que alcanzar a la gente para Cristo.

Un hombre se quedó gravemente herido por un accidente automovilístico. El auto había chocado contra un árbol. Un pastor se encontró con ese accidente; él venía de estudiar de una iglesia cercana. Un número de personas estaban presentes. Algunos de ellos eran miembros de su iglesia, y exclamaron: "¡Abran paso! ¡Aquí está el pastor!", y la multitud abrió paso para que pasara el predicador, quien se hizo cargo de las necesidades espirituales del hombre herido.

Más tarde, el pastor preguntó: "¿Por qué no puede cada miembro de mi congregación, o cualquier otro cristiano ser capaz de guiar a un alma para Dios?" Esa es una buena pregunta. ¿Por qué no puede cualquier cristiano ser capaz de ganar a alguien para Cristo? No sólo es la responsabilidad del pastor. No es sólo la responsabilidad del evangelista. Es la responsabilidad de cada cristiano hablarles a otros acerca de Cristo, y cada cristiano debe saber cómo dar el evangelio a otras personas. Debemos estar preparados para dar una respuesta a todos los que nos demanden razón sobre la esperanza que hay en nosotros con mansedumbre y reverencia. ¡Tenemos que estar listos para hablarles a otros acerca de Cristo!

Un viejo predicador escocés pasaba cerca de una fábrica de cristal justo antes de ir a la iglesia para predicar. Como la puerta estaba abierta y faltaba algo de tiempo para comenzar el servicio, el predicador entró a la fábrica y vio uno de los grandes hornos que había. El predicador miró a aquella masa de color blanca, azul y púrpura del fuego líquido, cuyo calor casi quemaba en su cara. Cuando se dio la vuelta, sin darse cuenta de que nadie estuviera presente, él dijo: "¿Cómo será el infierno?"

Un trabajador que estaba parado cerca de él lo escuchó. Varias noches después, un hombre se acercó a la iglesia. Él dijo: "Usted no me conoce, pero la otra noche, cuando entró en el cuarto donde estaba el horno, oí lo que dijo. Cada vez que he abierto ese horno desde entonces, las palabras gritan en mi mente: "¿Cómo será el infierno?' He venido ésta noche para conocer el camino de la salvación para no tener que averiguar cómo es el infierno".

El infierno es un lugar terrible. Tenemos que alcanzar a la gente antes de que sea demasiado tarde. ¡Habrá sufrimiento! ¡Habrá dolor! ¡Habrá tormento! Ellos gritan: "¡Ayuda! ¡Ayuda! ¡Ayuda!", ¡pero no hay ayuda para ellos! Tenemos que alcanzar a la gente antes de que sea demasiado tarde.

Un gran evangelista llamado Carlos Finney, a quien Dios usó para alcanzar a miles de personas para Cristo, dijo: "Estoy decidido a predicar contra los pecados de las personas y llevarlas cerca de las llamas del infierno como consecuencia final de su rebelión. Una ocasión durante casi dos horas, les advertí a los pecadores y llamé a Dios por testigo, de que el juicio no estaba muy lejos de ellos. Concluyendo, hablé por unos momentos de la misericordia de Dios. Lo hice en forma severa. Estaba decidido a que el pueblo debe estar cara a cara con las consecuencias de su pecado y del infierno. Esa noche, la reunión terminó, y vi una gran demostración divina del poder de Dios, y del movimiento de Dios". Él dijo: "Prediqué sobre el infierno, y cambiaron las vidas de las personas".

Todos hemos escuchado la historia de Jonathan Edwards, quien predicaba el sermón: "Pecadores en las Manos de un Dios Airado". Las personas en su audiencia clamaron por misericordia y ayuda. Pero todos nosotros tenemos que decirle a la gente que hay un lugar real llamado Infierno. Si supiéramos que alguien estuviera en un edificio en llamas, haríamos todo lo posible para sacarlo. Sabemos que la gente se va a morir e ir al infierno sin Cristo; entonces tenemos que hacer todo lo posible para alcanzar a las personas para Cristo.

Francis Havergall contó una vez una experiencia que tuvo: "Durante una visita en el verano, justo después de que había terminado la escuela, una clase de niñas de mi edad se reunió varias ocasiones. A veces después de la clase, las acompañaba hasta la avenida, y cada vez que me encontraba con alguna de ellos, yo recordaba un montón de sonrisas y palabras amables de cada una. Unos años después, me senté con una de esas niñas. Ella me dijo cómo ella solía quedarse en la avenida en las noches de verano, anhelando que yo hablara con ella sobre el Salvador, pero nunca lo hice, y ella continuó sin la luz, la alegría y el privilegio de tener a Cristo en su vida. Dios escogió otro medio para su salvación, pero ella me dijo: y sus palabras a menudo suenan en mis oídos: "Cuando me siento tentada a dejar pasar alguna oportunidad de testificar, pienso en usted, Sra. Francis. Yo fui su oportunidad perdida".

Por supuesto, hay gente en el mundo que quiere saber acerca de Cristo. Es nuestro privilegio para testificarles de Cristo, y el tiempo para hacerlo es ahora. Hoy es el día de salvación. Tenemos que alcanzar a otros para Cristo.

A William Booth, el fundador del Ejército de Salvación, una vez alguien dijo: "Entiendo que su programa de evangelización es el mejor".

Él respondió: "No, podría ser mejor".

Ellos dijeron: "¿Qué podría ser mejor, General Booth?"

Entonces él respondió: "Si todos mis soldados pudieran pasar tan sólo cinco minutos en el infierno, ese sería el mejor entrenamiento para los ganadores de almas". De hecho, así tendríamos mayor carga, pasión y celo por las almas de los perdidos. El infierno es real, y tenemos que alcanzar a la gente. Señor, ¡danos almas o moriremos!

El poderoso evangelista de almas, John Wesley, dijo: "Seamos todos de un negocio. Vivimos sólo para eso, para salvar las almas de las personas. Dame cien predicadores que no teman más que al pecado y deseen nada más que de Dios, sin importar que sean predicadores o laicos; entonces haremos temblar las puertas del infierno y estableceremos el reino de los Cielos en la tierra".

John Hyde, conocido como "Orador Hyde," en los últimos años de su ministerio misionero ganaba como cuatro almas por día para Cristo. Su oración cada día fue: "Padre, dame almas o me muero".

Note éstas palabras de estos hombres que tenían pasión por las almas. James Caughey dijo: "Oh, ¡préndase en fuego por Dios! ¡Oh, todo por Él! ¡Solo Jesús! ¡Almas! ¡Almas! ¡Almas! He decidido ser un ganador de almas. Que Dios me ayude".

John Smith hizo eco con una carga similar cuando dijo: "Yo soy un hombre quebrantado de corazón; no por mí, sino por los demás. Dios me ha dado una comprensión del valor de las almas preciosas, que no puedo vivir si las almas no se salvan. Dame almas, o me muero".

El Evangelista George Whitefield, con el rostro resplandeciente de lágrimas, dijo: "Oh, Señor, dame almas, o toma mi alma".

Charles Cowman escribió como su carga por Japón casi lo abrumó; él dijo: "Con la ayuda de Dios, ellos van a oír aunque cueste cada gota de mi sangre. Aquí estoy, Señor, ¡envíame! Oh, ¡envíame a mí!" Otros dijeron de él: "Para él ver un alma salva era lo que el ganar una batalla es para un soldado, y ganar una carrera para un atleta". Charles Cowman vivió para una sola cosa: para ganar almas para Cristo. Esa fue su única pasión.

La esposa de John Knox le preguntaba por qué él estaba orando muy de noche, y él decía: "¿Cómo puedo dormir cuando no se salva mi tierra?" Y a menudo oraba: "Señor, ¡dame Escocia o me muero!"

Las palabras de Philip Doddridge son poderosas; él dijo: "Anhelo la salvación de las almas más que cualquier otra cosa. Creo que podría no solo trabajar, sino morir por ello".

El Evangelista Carlos Finney resumió nuestra responsabilidad cuando dijo: "Un cristiano es un ganador de almas, o no está bien con Dios".

El Evangelista John R. Rice dijo: "Un cristiano que no gana almas no es un buen cristiano".

El Dr. Smith dijo: "Nunca voy a estar satisfecho hasta que Dios obre con Su poder y los hombres y mujeres encuentren su camino a la Cruz. Que Dios me quebrante y me haga llorar por la salvación de las almas". Él dijo: "Como a las dos de la tarde, estaba orando, cuando de pronto las lágrimas empezaron a salir. Todo lo que podía hacer era sollozar y decir: '¡Están perdidos! ¡Están perdidos! Oh, ¡están perdidos!' Y así que lloraba y oraba por el pueblo".

¿Cuándo fue la última vez que lloró y clamó a Dios por las almas de los hombres, y de las mujeres, y de los niños, y niñas? ¡Están perdidos! ¡Están perdidos! ¡Necesitan a Jesucristo! Tenemos que alcanzarlos antes de que sea demasiado tarde. Creer en la Biblia es creer en el destino del infierno para aquellos que nunca han recibido a Cristo. El infierno es horrible y es eterno. El mundo perdido siente que si realmente nosotros creyéramos lo que decimos, entonces haríamos más para alcanzarlos.

Por favor présteme mucha atención. La esposa de un hombre que no era salvo estaba en tal agonía por su marido que le dijo: "Esposo, ¿no te gustaría que un buen cristiano viniera a hablarte acerca de Cristo? Estás muy enfermo, es posible que no sobrevivas, y tú no eres salvo".

Su marido respondió: "No, de ninguna manera. Mi vecino, el señor Tal y tal, es un hombre que va a la iglesia, un cristiano, por lo que él dice. Pero en todos estos años, hemos viajado miles de millas juntos, y hablamos de todos los temas sobre los cuales los hombres pueden conversar, pero nunca, ni una vez me ha dicho una palabra acerca de Cristo. Si hay algo que fuera importante para él, sin duda, me hubiera dicho algo. Puesto que él pudo pasar todos estos años y estar en silencio al respecto, voy a irme tal como soy". El murió sin ser salvo porque un amigo le falló.

Unas preguntas importantes: ¿Estamos dando el evangelio a otras personas? ¿Estamos amando a los demás? ¿Les decimos la verdad? Tenemos que alcanzar a la gente antes de que sea demasiado tarde. Señor, ¡danos almas o moriremos!

Un día, un predicador del Evangelio estaba en pie, mirando con reverencia una pintura del sufrimiento de Cristo en la cruz, cuando una mujer bien vestida, aparentemente inteligente, tal vez extranjera, se volvió hacia él y le dijo de repente: "Dígame usted: ¿tal cosa realmente sucedió?"

El predicador la miró con asombro. Evidentemente su ignorancia era genuina, y mientras estaban de pie juntos, él predicó a Cristo y a éste crucificado. Ella, aunque estaba rodeado de cristianos, nunca había oído hablar del evangelio.

Hay personas afuera que no conocen la verdad, pero ellos confiarían en Cristo si solo les testificáramos de Cristo. Si les hablamos de Jesús, ellos van a ser salvos. Ellos confiarán en Cristo, y un día, ¡irán al Cielo! ¡Señor, danos almas o moriremos!

Un notorio asesino británico fue condenado a muerte. En la mañana de su muerte, el predicador de la prisión caminaba a su lado a la horca y le leyó algunos versículos de la Biblia. El prisionero se sorprendió de que el predicador no mostrara compasión a la sombra de la horca de la muerte. Le dijo al predicador: "Señor, si yo creyera lo que usted y la iglesia dicen que creen, incluso si Inglaterra estuviera cubierta de vidrio roto de costa a costa, yo caminaría sobre ella, si fuera necesario sobre mis manos y rodillas. Creo que valdría la pena, sólo para salvar una sola alma de un infierno eterno".

¿Creemos que hay un infierno? Si es así, ¡hagamos todo lo posible para alcanzar a otras personas!

Recuerdo la historia de cómo un jefe indio le preguntó a un misionero: "¿Hace cuántos años murió Jesús?"

El misionero respondió: "Hace 2,000 años".

El jefe empezó a llorar y dijo: "Yo tengo familiares que han muerto y han ido al infierno. ¿Por qué no vino alguien a decirle a mi familia acerca de Jesús?"

Mi amigo, ¿por qué no les hablamos a otros acerca de Jesús? Debemos orar: "Señor, ¡danos almas o moriremos! Oh, Señor, ¡ayúdanos a alcanzar a otras personas para Cristo antes de que sea demasiado tarde!"

Capítulo 8

La Motivación de la Cruz

La Biblia dice en Mateo 16:24-25: "Entonces Jesús dijo a sus discípulos: Si alguno quiere venir en pos de mí, niéguese a sí mismo, y tome su cruz, y sígame. Porque todo el que quiera salvar su vida, la perderá; y todo el que pierda su vida por causa de mí, la hallará".

No hay nada mejor que vivir para el Señor Jesucristo y ponerlo en primer lugar en todo lo que dice y hace. Jesús dijo que debemos seguirle, tomando nuestra cruz. Entonces tenemos que tomar la cruz y estar dispuestos a sufrir o hacer lo que tenemos que hacer, para que otras personas puedan conocer a Cristo como su Salvador. Jesús también dijo: "y el que no toma su cruz y sigue en pos de mí, no es digno de mí". (Mateo 10:38) Jesucristo está diciendo que no somos dignos de Él si no estamos dispuestos a tomar nuestra cruz o si no estamos dispuestos a sufrir o hacer lo que se necesita hacer para alcanzar a otros para Cristo. Es por eso que quiero hablarle sobre el gran tema: "La Motivación de la Cruz". Tenemos que hacer todo lo que podamos hacer para hablarles a los demás acerca de la cruz de Cristo.

Imagínese a la iglesia primitiva, que hubiera algún líder llamando a los cristianos y les dijera: "Miren, muchos de ustedes

117

no son muy fieles en su asistencia a los cultos en los catacumbas. Quiero que den un diez por ciento de sus ingresos para apoyar a las catacumbas. A propósito, ¿a dónde van ahora?"

"Vamos a morir en el Coliseo por nuestro Salvador, el Señor Jesucristo".

¿Cree que alguno de los primeros cristianos fue persuadido para morir en el Coliseo por un predicador? ¿Cree que alguien fue a la guillotina, puso su cabeza bajo la guillotina y permitió tener la cabeza separada de su cuerpo, porque un predicador le ofreció un premio si así lo hacía? ¡No! La motivación de las personas en el Nuevo Testamento, aquellos que en los primeros siglos murieron horriblemente, era porque que Jesús había muerto por ellos.

El Señor Jesucristo murió por nosotros, pero ¿qué hacemos por Él? ¿Estamos dispuestos a tomar nuestra cruz y a sufrir y a morir para que otros puedan conocer a Cristo como su Salvador? Jesús dio su vida por nosotros, pero ¿que estamos haciendo para hablarles a otros acerca de Él?

Mahoma vino a enseña. Buda vino a demostrar. El hinduismo vino de la tradición. El humanismo secular llegó a impulsar el egocentrismo del hombre. Pero Jesucristo vino como Salvador. Jesús vino para salvarnos de nuestros pecados; Él nos redimió. El mensaje que viene del Calvario no se podría originar en ningún otro lugar. Incluso su nombre, Jesús, es la palabra hebrea Joshua, que significa: "Él salvará a su pueblo". Ese nombre significa:

"Porque de tal manera amó Dios al mundo, que ha dado a su Hijo unigénito". (Juan 3:16)

¿Cuándo lo dio Dios? Dios dio a Jesús en el Calvario. "Para que todo aquel que en él cree, no se pierda." ¿Qué significa que "se pierda"? Es pasar la eternidad en fuego eterno. Si Jesús simplemente hubiera querido enseñarnos, hubiera vivido hasta los noventa años de edad en lugar de los treinta y tres años. Podría haber enseñado más en noventa años de lo que enseñó en treinta y tres años. Pero Jesús no vino principalmente para enseñar. Jesús vino principalmente para morir en la cruz.

El mensaje maravilloso es que una persona puede ser salva para siempre si confía en Jesucristo como su Salvador personal. Jesús murió en la cruz para liberarnos. Entonces levantemos la cruz de Cristo y hablémosles a otros acerca de Jesús. Tomemos nuestra cruz y estemos dispuestos a hacer lo que sea necesario para hablarles a otros acerca de Cristo. Esa es la verdadera motivación de la cruz, decir al mundo que Jesús salva, que Jesús los ama, y que Jesús los llevará al cielo algún día si confían en Él.

Tomemos nuestra cruz y sigamos a Jesús. Jesús dijo: "Si alguno quiere venir en pos de mí, niéguese a sí mismo, tome su cruz cada día, y sígame". (Lucas 9:23) Todos los días tenemos que levantar a Jesucristo en todo lo que decimos y hacemos. La Biblia dice: "Y todos los días, en el templo y por las casas, no cesaban de enseñar y predicar a Jesucristo". (Hechos 5:42)

Tenemos que hacer algo todos los días para hablarles a otros acerca de Jesús.

El Señor añadía gente a la iglesia todos los días; quiere decir que ellos estaban ganando almas todos los días. Tenemos que hacer algo todos los días para hablarles a otros acerca de Jesús. Tenemos que levantar la cruz cada día. Debemos exaltar a Jesús. Tenemos que hacer algo todos los días para hablarles a otros acerca de Jesucristo. ¿Nosotros estamos siguiendo a Jesús? Jesús dijo: "Venid en pos de mí, y os haré pescadores de hombres". (Mateo 4:19) Si estamos siguiendo a Jesús, entonces vamos a estar alcanzando a otras personas para Cristo.

La Biblia dice: "Porque la palabra de la cruz es locura a los que se pierden; pero a los que se salvan, esto es, a nosotros, es poder de Dios". (1 Corintios 1:18) La Biblia dice: "Pero lejos esté de mí gloriarme, sino en la cruz de nuestro Señor Jesucristo, por quien el mundo me es crucificado a mí, y yo al mundo". (Gálatas 6:14) La cruz debe motivarle a salir y a alcanzar a otros para Cristo, a hacer una diferencia en este mundo. La cruz debe motivarnos a alcanzar a otros para Cristo.

El Señor Jesucristo dio su vida por nosotros en la cruz. La Biblia dice: "Y mediante la cruz reconciliar con Dios a ambos en un solo cuerpo, matando en ella las enemistades". (Efesios 2:16) La Biblia dice (hablando de Jesús): "Y estando en la condición de hombre, se humilló a sí mismo, haciéndose obediente hasta la muerte, y muerte de cruz". (Filipenses 2:8) La Biblia también dice: "Y por medio de él reconciliar consigo todas las cosas, así las que están en la tierra como las que están en los cielos, haciendo la paz mediante la sangre de su cruz". (Colosenses 1:20) Jesucristo derramó Su sangre en la cruz para perdonar todos nuestros pecados y salvarnos del infierno para que pudiéramos ir al cielo.

La Biblia dice: "Puestos los ojos en Jesús, el autor y consumador de la fe, el cual por el gozo puesto delante de él sufrió la cruz, menospreciando el oprobio, y se sentó a la diestra del trono de Dios". (Hebreos 12:2) Jesús dio Su vida por nosotros en la cruz para que pudiéramos tener vida eterna. La motivación de la cruz nos debe enviar por todo el mundo a predicar el evangelio a toda criatura.

El Dr. H. A. Ironside en su folleto "Certeza Completa", nos habla de la visita de James Parker en un hospital. La enfermera señaló a una cama rodeada de una sábana blanca y susurró: "El pobre hombre se está muriendo. El sacerdote ha estado aquí y dio los últimos sacramentos al hombre. Él no puede vivir mucho tiempo".

El Sr. Parker rogó para entrar al cuarto y le concedieron el permiso. Al mirar hacia abajo hacia aquel moribundo, él observó que había un crucifijo en su pecho. Él se inclinó y lo tomó. El enfermo alzó sus ojos y miró angustiado al Sr. Parker. El hombre susurró: "Ponlo de nuevo. Quiero morir con él sobre mi pecho".

El visitante señaló la figura representada en la cruz y con fervor dijo: "Él es un Salvador maravilloso".

El hombre enfermo dijo: "Sí, sí. Me encanta el crucifijo. Ponlo de nuevo, por favor. Espero que me ayude a morir bien".

Entonces, el visitante dijo: "No es el crucifijo, sino Aquel que murió en la cruz, el Señor Jesucristo. El Señor Jesús murió para salvarle".

El hombre lo vio confundido en el principio, pero luego su rostro se iluminó y dijo: "Oh, ya veo. No es el crucifijo, sino a Aquel que murió por mí. Ya entiendo, señor. ¡Yo lo veo! Nunca entendí eso antes".

El Sr. Parker le ofreció una breve oración y se fue. Unos momentos después, él vio el cuerpo siendo llevado fuera de la sala. El hombre había muerto. Gracias a Dios, el hombre se dio cuenta de que el crucifijo con Jesús en la cruz, no era la verdad que realmente salva. No era la historia completa, porque la cruz de que estamos hablando es de una cruz vacía, porque Jesús fue enterrado y después resucitó de entre los muertos. Nuestro Salvador está vivo. Él no está muerto en la cruz. La verdad que debemos proclamar es que Jesús murió en la cruz, pero también que Jesús se levantó de entre los muertos. Entonces levantemos la cruz de Cristo, una cruz vacía, que demuestra que un día podemos estar con Él.

Hay una leyenda que había un moribundo a quien Satanás trajo una lista de los pecados que había cometido a través de toda su vida. Sus acciones fueron fotografiadas y la historia fue real cuando Satanás exigió una respuesta a ésta pregunta: "¿Dónde están tus virtudes entre tantos pecados? Entonces, ¿qué posibilidades tienes en el juicio ante Dios?"

El moribundo respondió: "Tú no has contado toda la historia. Eso es sólo lo que debo, pero hay un lado de crédito. La cuenta ya está pagada. Frente a la imagen oscura, deberías haber pintado una cruz, y frente a esa larga lista de pecados deberías haber escrito éstas palabras: "La sangre de Jesucristo su Hijo nos limpia de todo pecado". (1 Juan 1:7)

Al oír el nombre de Jesucristo y el poder de Su preciosa sangre, Satanás desapareció de allí. La cruz de Cristo nos da la victoria. Entonces, tenemos que ir a todas partes hablando a la gente acerca de la cruz de Jesús, que Jesús dio Su vida para que pudieran ir al cielo. Tenemos que tomar la cruz y estar dispuesto a hacer lo que sea, para llevar el evangelio a toda criatura.

Un viejo sacerdote hindú se sentó en el suelo con el resto de su pueblo. Había cada vez más inquietud en él, mientras la palabra era dibujada. El sacerdote pensó acerca de que Cristo vino a salvar al mundo, como había sido maltratado y burlado por las mismas personas que Él había tratado de ayudar, habiendo soportado la prueba, el juicio y la cruz. Por último, al oír que Jesús dijo: "Padre, perdónalos, porque no saben lo que hacen", el hindú no podía soportarlo más. Corriendo hacia adelante, él cayó postrado y gritó: "Queremos que te vayas de la India. Queremos que te vayas de la India".

Cuando el predicador le preguntó por qué, el hindú contestó: "Porque no tenemos una historia como ésta, de un Salvador, que vivió una vida sin pecado, que murió por sus enemigos, y que oró por los que le quitaron la vida. Si sigues contando ésta historia a nuestra gente, van a dejar nuestros templos y seguirán al Salvador".

Si levantamos la cruz de Cristo, podemos hacer una diferencia. Jesús dijo: "Y yo, si fuere levantado de la tierra, a todos atraeré a mí mismo". (Juan 12:32) Entonces hablémosle a todo el mundo acerca de Jesús y verdaderamente hagamos una diferencia.

En el sur de los Estados Unidos, se cuenta la historia del General John B. Gordon. Años después de la Guerra Civil, Gordon fue un candidato para el Senado de los Estados Unidos. El día en que su nombre iba a ser considerado, en ese grupo había un hombre que había sido compañero de Gordon durante la guerra. Pero por alguna razón, el hombre tenía resentimiento contra él, así que el hombre había decidido votar en contra del general. Cuando llegó el momento, él estaba siendo elegido para la votación.

Llegó el momento de votar para éste viejo soldado. Él se levantó para poner su voto en contra del hombre, quien a cuyo lado había luchado, a lo largo de la gran lucha que duró cuatro años. Cuando el hombre se levantó, sus ojos se posaron sobre una herida que había en el rostro del general Gordon, la marca de su valor y del sufrimiento por la causa a la que le había dado, literalmente, su vida en la batalla.

Inmediatamente, el viejo soldado tocado por el remordimiento, al ver su herida, muestra de sacrificio, le recordó el sufrimiento del hombre a cuyo lado él mismo había luchado, y con gran emoción él gritó: "Yo no puedo votar en contra de éste hombre. Me había olvidado de sus heridas. ¡Me había olvidado de sus heridas!"

Jesucristo sufrió, derramó su sangre y murió por usted. Jesús estaba herido, para que podamos ser perdonados de nuestros pecados. ¿Nos hemos olvidado de las heridas de Jesús? ¿Nos hemos olvidado de la cruz? Pensemos en lo que Jesús sufrió por nosotros, y levantemos la cruz y hagamos lo que sea necesario para hablarles a otros acerca de Jesucristo.

¿Estará dispuesto a pagar el precio para que otras personas puedan conocer a Cristo como su Salvador? La cruz tiene que ver con el sufrimiento, la pena, el dolor y un precio que hay que pagar. Nosotros como cristianos tenemos que estar dispuestos a pagar el precio, para que otros puedan conocer a Cristo como su Salvador. ¿Estamos dispuestos a pagar el precio?

El Señor Jesucristo pagó el precio por nosotros para hacernos libres, así que debemos estar dispuestos a pagar el precio y hacer lo que sea necesario para alcanzar a otros para Cristo. Levantemos la cruz de Cristo. Tomemos la cruz.

Estaba leyendo algo acerca de un evangelista, que sucedió en la década de 1950. Él dijo: "Me acuerdo de la predicación en Dallas, Texas a principios del ministerio. Alrededor de cuarenta mil personas asistieron cada noche. Una noche, sólo unas pocas personas respondieron al llamamiento para recibir a Jesucristo". El evangelista dijo: "Desanimado, salí de la plataforma. Un hombre alemán que se dedicaba a los negocios estaba allí; era un hombre devoto de Dios. Él puso su brazo alrededor de mí y me dijo: '¿Sabe qué pasó ésta noche? Usted no predicó la cruz. ¡Usted no predicó la cruz!"

El evangelista dijo: "La noche siguiente prediqué sobre la sangre de Cristo, y una gran multitud de personas respondieron a recibir a Cristo como su Salvador". Cuando proclamamos el evangelio de Cristo, cuando nosotros predicamos a Cristo crucificado y resucitado, hay un poder especial en eso. ¡Hay poder en el evangelio de Cristo!

Cien años antes de eso, un periodista asistió a las grandes campañas evangelísticas británicas del evangelista D. L. Moody, y escribió algo muy similar. En referencia a las grandes multitudes que asistían a las reuniones de Moody, el periodista de Londres escribió: "Uno no puede dejar de hacer una pregunta: ¿Cuál es el poder mágico que reúne a éstas grandes multitudes y las mantiene hechizadas? ¿Es sabiduría mundana, o de riqueza, o de aprendizaje, o en la oratoria del predicador? No. Moody poseía poco de ello. ¿Cuál es la respuesta? La respuesta es sencilla, el levantamiento de la cruz de Cristo, "Levantar al Señor Jesucristo ante los ojos de la gente".

Jesús dijo: "Y yo, si fuere levantado de la tierra, a todos atraeré a mí mismo". (Juan 12:32) ¡Exaltemos a Jesús! Tenemos que dejar que la motivación de la cruz nos mueva y nos lleve por todo el mundo para predicar el evangelio a toda criatura.

Se dice que cuando los moravos iniciaron su misión en Groenlandia, se encontraron con que los nativos de allí eran tan ignorantes que decidieron comenzar por la educación de ellos. Eso fue un fracaso completo, tanto que decidieron irse. Cuando estaban a la espera de un barco, uno de los misioneros quien había comenzado a traducir una parte de los evangelios, y él pensó que probaría su traducción al leerlo. Después de que él había leído de los sufrimientos y la muerte de Jesús, hubo silencio. Entonces el jefe de los nativos se levantó y le pidió al misionero que volviera a leerlo. Cuando hubo terminado, dijo el jefe: "Lo que lee es cierto. Usted dice que es verdad. Entonces, ¿por qué no nos dijeron eso en primer lugar? Usted no debe dejarnos ahora. Vamos a escuchar las palabras del Hombre que sufrió por nosotros". Ellos querían saber más acerca de Jesucristo.

La cruz de Jesucristo conquistó donde la educación había fallado. Es la cruz de Jesucristo la que hará la diferencia. Dejemos que la motivación de la cruz nos mueva para alcanzar a otros para Cristo. Hay personas en todo el mundo que quieren saber que

Jesús los ama, que Jesús murió por ellos. Entonces vayamos y hablémosles acerca de la cruz.

Piense en esto: Jesús dio su vida por nosotros en la cruz. Mientras el Dr. Truman Davis contemplaba la historia de Cristo, se dio cuenta de que él no sabía la causa inmediata de la muerte de una víctima de crucifixión. Así que comenzó a estudiar la antigua práctica de la tortura y la muerte por una cruz.

El azotar preliminar se llevó a cabo con la víctima desnuda, con los brazos atados a los postes por encima de la cabeza. El látigo pesado fue lanzado con toda fuerza una y otra vez sobre los hombros, la espalda, y las piernas de Jesús. Al principio, los múltiples golpes solo cortan la piel. Mientras los golpes continúan, cortan más profundo hasta que la víctima queda medio desmayada. Luego la víctima es desatada y se desploma sobre el pavimento, bañada en su propia sangre.

Una pesada cruz se coloca sobre sus hombros, pero a pesar de sus esfuerzos por caminar recto, el peso de la cruz, combinado con el shock producido por la pérdida de sangre, es demasiado. Tropieza y cae. La madera áspera lastima su piel lacerada y sus músculos de los hombros. Él intenta levantarse, pero los músculos han sido forzados más allá de su resistencia.

En el lugar de la ejecución, la cruz está puesta en el suelo. La víctima es empujada al suelo, con los brazos estirados sobre la madera. El soldado encuentra la depresión en la parte delantera de la muñeca. Le clava un clavo de pesado hierro a través de la muñeca y en la madera. Rápidamente se mueve hacia el otro lado. El pie izquierdo presiona hacia atrás contra el pie derecho, ambos pies extendidos. Entonces clava un clavo a través del arco de cada pie, dejando las piernas moderadamente flexionados. Jesús es levantado en la cruz, y los soldados dejan caer la pesada cruz en el hoyo. La víctima está crucificada.

Mientras poco a poco la víctima se hunde hacia abajo, hay más peso en los clavos de la muñeca. El dolor insoportable se dispara a lo largo de los dedos y los brazos hasta explotar en el cerebro. Los clavos en las muñecas están poniendo presión sobre los nervios medianos. Mientras se empuja a sí mismo para evitar el tormento inmenso, pone su peso completo en el clavo a través de sus pies. Una vez más hay una agonía horrible, a través de los nervios entre los huesos de los pies.

En este punto, mientras los brazos se fatigan, grandes olas de calambres pulsan sobre sus músculos, causando un profundo dolor punzante e implacable. Con estos calambres viene la incapacidad de empujarse hacia arriba. Colgando de sus brazos, los músculos del pecho están paralizados y los músculos intercostales son incapaces de actuar. Entonces se puede aspirar aire a los pulmones, pero no puede ser exhalado. La víctima lucha por alzarse con el fin de conseguir incluso una respiración corta.

Finalmente el dióxido de carbono se acumula en los pulmones, y los calambres disminuyen parcialmente. Espasmódicamente él puede empujarse hacia arriba para exhalar y llevar el oxígeno que da vida. Fue sin duda, durante ese período que Jesús pronunció las siete frases cortas, como: "Padre, perdónalos, porque no saben lo que hacen". (Lucas 23:34)

Jesucristo murió después de seis horas de horrible crucifixión, y para estar doblemente seguro de su muerte, un soldado empujó su lanza en el quinto espacio intercostal de las costillas hacia el corazón. Hubo un escape de agua del saco que rodea el corazón, dando pruebas post mortem que nuestro Señor no murió la muerte de crucifixión usual por asfixia, sino de un corazón roto, debido a la constricción del corazón, por el líquido derramado del saco que rodea el corazón.

Mi amigo, el corazón de Jesús fue roto por usted. Jesús estaba sufriendo, derramando su sangre y muriendo horriblemente en la cruz para perdonar todos nuestros pecados. Jesús estaba dando Su corazón, Su vida, y Su preciosa sangre para salvarnos del infierno, para que nosotros pudiéramos ir al cielo. Jesús dio Su vida por nosotros; entonces debemos dar nuestras vidas para alcanzar a otros para Él. Levantemos la cruz por Jesús y sigámosle. Tenemos que vivir para Jesús. Debemos tomar la cruz y hacer lo que sea necesario, para alcanzar a otros para Cristo.

Entonces, siempre recuerde: ¡Tenemos que levantar la cruz de Cristo, y vivir por Él, y hacer todo lo posible para impactar a este mundo para la causa del Señor Jesucristo! Tenemos que alcanzar a otros para Cristo.

Capítulo 9

¿Será Usted un Obrero?

La Biblia dice en Mateo 9:35: "Recorría Jesús todas las ciudades y aldeas, enseñando en las sinagogas de ellos, y predicando el evangelio del reino, y sanando toda enfermedad y toda dolencia en el pueblo. Y al ver las multitudes, tuvo compasión de ellas; porque estaban desamparadas y dispersas como ovejas que no tienen pastor. Entonces dijo a sus discípulos: A la verdad la mies es mucha, mas los obreros pocos. Rogad, pues, al Señor de la mies, que envíe obreros a su mies". (Mateo 9:35-38)

Quiero hablarle sobre el tema: "¿Será usted un obrero?" Jesús dijo: "Los campos están blancos. Los campos están listos para la cosecha. Los campos son abundantes". Mi amigo, los campos o la mies morirán si nosotros no los cosechamos. Hay muchas personas allá afuera que quieren conocer a Cristo, pero ellos morirán e irán al infierno si no tenemos obreros que vayan para alcanzarlos. ¡Tenemos que tener más obreros!

Oremos, por favor. "Querido Jesús, yo te pido que levantes más obreros, para que vayan y alcancen este mundo para Cristo. En el nombre de Jesús, Amén".

El Señor Jesucristo dijo: "¿No decís vosotros: Aún faltan cuatro meses para que llegue la siega? He aquí os digo: Alzad

131

vuestros ojos y mirad los campos, porque ya están blancos para la siega". (Juan 4:35) Jesús está diciendo que es tiempo de que nos ocupemos, y que salgamos allá afuera y alcancemos a personas para Cristo.

Recuerdo una historia acerca de Bill Rice y de su hermano. Su mamá les dijo que después de la escuela, pasaran al río y atraparan algunos peces. Cuando Bill Rice y su hermano llegaron al río, se dieron cuenta de que había serpientes por todas partes. Como todos los niños, ellos se pusieron a matar serpientes, y estaban pasando el mejor tiempo de sus vidas. Pero cuando llegaron a casa esa noche, como no habían atrapado ningún pez, entonces no había nada para cenar.

Creo que nosotros somos así, como cristianos. Estamos muy ocupados, haciendo muchas, muchas cosas, y no necesariamente son cosas malas, pero estamos dejando de hacer lo más importante. No estamos alcanzando a las personas para Cristo, así como los dos jóvenes que no habían atrapado ningún pez y no hubo comida en la mesa. Jesús dijo: "Venid en pos de mí, y os haré pescadores de hombres". (Mateo 4:19) Si nosotros seguimos a Jesús, estaremos pescando hombres. Estaremos alcanzando preciosas almas para Cristo. Necesitamos obreros que vayan y alcancen a otros para el Señor.

Necesitamos ponernos en nuestras rodillas y orar y clamar a Dios. La Biblia dice: "Clama a mí, y yo te responderé, y te enseñaré cosas grandes y ocultas que tú no conoces". (Jeremías

33:3) Necesitamos pedirle a Dios que envíe obreros a Norteamérica, Sudamérica, Europa, Asia, África, Australia, y al resto del mundo. Necesitamos pedirle a Dios que salve almas y que cambie vidas. La Biblia dice que debemos de pedir que todas las personas sean salvas. El Señor no quiere "que ninguno perezca, sino que todos procedan al arrepentimiento". (2 Pedro 3:9) Necesitamos rogar para que sean salvas.

Pídale al Señor de la mies que envíe obreros a su mies. Pero, ¿sabe una cosa? Cuando comencé a pedirle a Dios que enviara obreros a su mies, de repente fue como si Dios apuntara con su dedo hacia mí y me dijera: "¿Y qué de ti?" Y yo le hago esa misma pregunta en este día. "¿Y qué de usted?" ¿Será un obrero para Jesucristo? ¿Trabajará para nuestro Señor Jesucristo? Jesús dijo: "Por tanto, id, y haced discípulos a todas las naciones, bautizándolos en el nombre del Padre, y del Hijo, y del Espíritu Santo; enseñándoles que guarden todas las cosas que os he mandado; y he aquí yo estoy con vosotros todos los días, hasta el fin del mundo. Amén". (Mateo 28:19-20

Cuando usted sale y alcanza a otra persona para Cristo, Jesús está allí con usted, porque Él dijo: "No te desampararé, ni te dejaré". (Hebreos 13:5) Jesús le ayudará. Nosotros podemos hacer todas las cosas en Cristo que nos fortalece. Dios quiere usarnos para hacer un impacto en éste mundo y para alcanzar a otros para Cristo.

Necesitamos ser obreros en nuestras ciudades. Necesitamos ser obreros de casa en casa, tocando puertas e invitando a las personas para confiar en Cristo como su Salvador. Necesitamos ser obreros en nuestro lugar de trabajo. Necesitamos ser obreros en las calles. Cuando usted sale por la noche y ve a los niños en las calles, puede darse cuenta que están hablando de cosas que no deberían hablar. Necesitamos ir y alcanzarlos para Cristo. Necesitamos ser obreros en el mercado y en los lugares en que nos paramos para comprar el mandado durante el día. Debemos dar el evangelio a toda criatura. Jesús dijo: "Id por todo el mundo y predicad el evangelio a toda criatura". (Marcos 16:15) Necesitamos hacer algo cada día para darles el evangelio a otras personas.

D.L. Moody era un gran ganador de almas, y en los siete días de la semana él compartía el evangelio. Carl Laurent también era un excelente ganador de almas. De la misma manera él compartía el evangelio los siete días de la semana. ¿Por qué? Porque hay hombres, mujeres, niños y niñas que están muriendo y yendo al infierno cada día. Por eso que debemos ocuparnos en alcanzar a más personas para Cristo.

Cada día, usted puede dar por lo menos un folleto. Podría repartir un folleto a una persona, y Dios podría usar eso para salvar almas y cambiar sus vidas. Un pastor me dijo en una ocasión: "Darrell, cuando salgas a tocar puertas para ganar almas, deja un folleto, porque un día alguien dejó un folleto en mi puerta, y así es como yo fui salvo". Todos podemos dejar un folleto. Todos podemos hacer algo para dar el evangelio cada día. Hagámoslo todos los días. La Biblia dice: "Y todos los días, en el templo y por las casas, no cesaban de enseñar y predicar a Jesucristo". (Hechos 5:42) Necesitamos hacer todo lo que podamos hacer para alcanzar a todas las personas, en todo lugar y todos los días con el evangelio.

La gente llora alrededor del mundo diciendo: "Queremos conocer la verdad". ¿Sabe qué? Podemos ver todas éstas cosas raras que la gente está haciendo hoy en día, y también como las personas se visten de una manera muy rara, pero creo que ellos están diciendo: "Por favor, alguien ayúdeme. Por favor, ámeme. No sé por qué estoy aquí, y no sé qué va a pasar". Nosotros podemos ir y hablarles acerca de Cristo. Tal vez ellos no comprenden que es lo que realmente quieren, pero todas las personas tienen un vacío en su vida. Sólo hay una Persona que puede llenarlo, y esa persona es Jesucristo. Necesitamos ir y hablarles acerca de Jesús. Usted, ¿será un obrero para Jesucristo?

Christopher Rand fue quien diseñó uno de los edificios más hermosos del mundo. Él escribió acerca de la reacción de los trabajadores, quienes construyeron ese edificio. Cuando Rand les preguntaba: "¿Qué estás haciendo?", aquellos trabajadores que estaban aburridos y cansados decían: "Estoy poniendo ladrillos", o "Estoy cargando piedras". Pero había un trabajador que hacía la mezcla de cemento, y él estaba muy contento y mostraba mucho entusiasmo en su trabajo. Cuando le preguntó qué estaba haciendo, el respondió: "Estoy construyendo un hermoso edificio".

Nosotros estamos haciendo el mejor trabajo del mundo, cuando le hablamos a otra persona acerca de Jesús. No hay nada mejor que conocer al Salvador y vivir la vida dentro de su voluntad. La mejor cosa que nos ha pasado es conocer a Jesús: entonces la mejor cosa que podemos hacer con nuestras vidas, es hablarles a otros acerca de Jesús. ¡Entonces, hablémosles a las personas de las buenas nuevas! Hablémosles a las personas de esta gran noticia. Démosles el evangelio: la muerte, la sepultura y la resurrección de Cristo. Este mundo necesita conocer a Jesús. Vayamos y hablémosle acerca de Cristo.

Alguna vez se ha preguntado ¿por qué los gansos vuelan en forma de una "V"? Algunos científicos lo hicieron, usaron sus computadoras y volaron un simulador para descubrir la respuesta. Los gansos viajan en esta forma, porque es la manera más fácil de volar. Esa formación de los gansos al volar, actúa de una manera aerodinámica, como si fuera una sola ala. Eso significa que el viento se distribuye de la misma manera en todas las aves. Entonces esto reduce el esfuerzo de cada ave individualmente. Si veinticinco gansos vuelan juntos en una forma de "V," pueden viajar setenta por ciento más rápido que un ganso volando sólo. Esto es increíble porque el ganso que es el líder se pone en la punta para que se pueda formar la "V". Los gansos que le siguen aprovechan un poco del viento. Es por eso que él no tiene que trabajar más fuerte que los otros. El beneficio de volar en una forma de "V" es porque funciona como si fuera una sola ala. Mientras el ganso líder jala aquellos que están atrás, los que le siguen envían ayuda desde atrás hacia enfrente.

De los gansos podemos aprender a trabajar juntos. Nosotros vivimos en una sociedad que promueve el individualismo y la autosuficiencia. Sin embargo, trabajamos de una manera más efectiva si trabajamos juntos. Como los gansos, fuimos creados por Dios para trabajar juntos y servir juntos para animarnos y apoyarnos unos a otros. Cuando nosotros cooperamos y ayudamos a los demás para tener éxito, no solamente hacemos más, pero lo hacemos con menos estrés y menos dificultad. Entonces, hagámoslo a la manera de Dios. ¡Trabajemos juntos!

Por esa razón cuando nos juntamos, debemos estar "exhortándonos; y tanto más, cuanto veis que aquel día se acerca". (Hebreos 10:25) ¿Qué debemos hacer para exhortarnos a hacer unos a otros? En el cielo vamos a poder tener un culto, cantar himnos, orar, y tener diferentes actividades como éstas. Pero una cosa que no podremos hacer allá en el cielo es alcanzar a otra persona para Cristo. Ésta es la gran comisión de la iglesia, para dar el evangelio a toda criatura. Por eso necesitamos trabajar juntos y realizar este gran proyecto.

Un evangelista estaba teniendo reuniones en una ciudad de Pennsylvania, cuando un joven quien había vivido al lado de la casa del pastor cometió un homicidio. Toda la comunidad estaba conmovida. El evangelista y el pastor obtuvieron permiso para visitar a este joven en su celda y exitosamente lo guiaron a Cristo. Luego este nuevo convertido le dijo al pastor de una manera muy triste: "Estoy triste al pensar que yo fui su vecino por meses, y usted nunca me habló acerca de Jesús hasta que llegué aquí. Si usted me hubiera hablado antes, posiblemente yo no hubiera cometido ese homicidio".

Me pregunto quién vive en nuestra colonia y quién está alrededor de nosotros y quién trabaja con nosotros, que si nosotros les damos el evangelio, puede hacer toda la diferencia en su mundo. Ellos cambiarán su destino eterno. Ellos ya no tendrán que ir al infierno sino que podrán ir al Cielo. Esto es el mejor trabajo del mundo, cuando damos el evangelio a otros.

Pensemos en un hombre que muere y luego va al gran trono blanco de juicio donde recibirá juicio. Él está ahí de pie, y está siendo condenado por todos sus pecados. Será enviado al lago de fuego para siempre y por siempre. Y de repente voltea a verle a usted y le dice: "¿Por qué no me hablaste acerca de Jesucristo? ¿Por qué no le hablaste a mi familia acerca de Jesucristo? Nosotros iremos al infierno para siempre, porque tu no nos hablaste de Cristo". Usted, ¿qué haría en ésta situación? ¿Usted sería culpable de su sangre, porque no le habló acerca de Cristo? Tenemos que hacer todo lo que podamos hacer para hablarles a otras personas acerca de Cristo.

Durante una campaña de avivamiento, un amigo estaba orando en una tarde para que se convirtiera uno de sus vecinos. Su oración fue ésta: "Señor, toca este hombre con tu dedo. Señor, tócalo con tu dedo". Ésta petición se repitió con gran fervor, cuando algo dentro de él le dijo: "Tu eres el dedo de Dios. ¿Alguna vez tú has tocado a tu vecino? ¿Alguna vez le has hablado una sola palabra sobre la salvación? Ve y toca a ese hombre, y tu oración será contestada". Esa voz, era como una voz del trono de Dios.

Dios está llamando; nos está diciendo: "Vayan y háblenle a este mundo acerca de Cristo". Por eso Jesús dijo: "Mirad los campos, porque ya están blancos para la siega". Tenemos que ir porque habrá personas que quieren conocer acerca de Jesús.

Charles Spurgeon era un apasionado y agresivo ganador de almas. Él dijo: "Un cristiano siempre debería de traer la pistola del evangelio lista para ser usada". Después él dijo: "Siempre es temporada abierta para cazar pecadores". En otras palabras, siempre es temporada para alcanzar a personas para Cristo.

El Orador Hyde casi al final de su vida fue llamado "rodillas de camello" porque pasaba mucho tiempo orando sobre sus rodillas. Él estaba guiando a muchas personas cada día al Salvador.

La biografía del Dr. Torrey nos dice mucho de su celo por ganar almas. Él también dijo que en una ocasión, mientras esperaba un tren en una ciudad, él repartió cinco mil folletos. Él dijo que tal vez esa era la última ocasión que él podía estar en ese lugar.

David Brainerd, aquel joven misionero a los indios americanos, murió a la edad temprana de veintinueve años. Oraba en la nieve por las almas, aún él estando muy enfermo. Algunas veces él tenía que predicar mediante un traductor borracho para darles el evangelio a los indios. Muchas personas fueron al campo misionero como resultado de su diario.

Evangelista John R. Rice era un predicador y un gran ganador de almas. Su versículo favorito era: "Los que sembraron con lágrimas, con regocijo segarán. Irá andando y llorando el que lleva la preciosa semilla; Mas volverá a venir con regocijo, trayendo sus gavillas". (Salmos 126:5-6). El Evangelista John R. Rice personalmente ganó almas hasta el día de su muerte. Ganar almas era el tema de su predicación.

Dr. Jack Hyles tenía a Daniel 12:3 como su versículo de vida. Daniel 12:3 dice: "Los entendidos resplandecerán como el resplandor del firmamento; y los que enseñan la justicia a la multitud, como las estrellas a perpetua eternidad". Dr. Hyles ponía un fuego en el corazón de las personas sobre este tema de evangelismo personal. Su manera de dar el evangelio de una manera más fácil (el camino de los romanos) lo hizo fácil para que millones de cristianos se volvieran ganadores de almas. El testificaba en cualquier lugar que iba.

Edward Kimball era un maestro de escuela dominical quien ganó a D. L. Moody para Cristo; él fue quien más adelante alcanzaría a miles de personas para Cristo. ¡Dios quiere usarlo a usted también!

En una reunión de Billy Sunday un convertido contó esta historia: "En mi granja solamente yo solamente me dedico a criar animales de raza pura. No hay una sola persona que vive cerca de aquí, quien no venga a avisarme si una de mis mejores vacas esta en las vías del tren. Pero por veinticinco años, jamás un hombre me había hablado sobre mi estado espiritual". ¡Qué triste es esto! Hay personas que quieren conocer la verdad si solamente nosotros fuéramos a alcanzarlos para Cristo.

Un predicador una vez dijo: "Durante una campaña evangelística en Kentucky, estaban usando folletos que decían: "Ponte a cuentas con Dios". Un día, un perro bulldog un poco extraño se acercó a nuestro grupo, y fue muy amigable con los jóvenes. Ellos lo acariciaron hasta que el perro estuvo muy contento. Finalmente un muchacho corrió hacia a mí, pidiéndome un folleto para el perro. Lo puso rápidamente en la placa del nombre del collar del perro.

Nosotros estábamos interesados en cierto hombre, a quien teníamos en nuestra lista de oración, pero no habíamos podido alcanzarlo para Cristo. Esa noche, aquel hombre vino a la campaña y tan pronto que el pastor dio la invitación, él corrió hacia enfrente, se puso sobre sus rodillas, y clamó a Dios para que lo salvara. Después, me senté a su lado y le pregunté cómo es que había ocurrido todo.

Él me dijo: "No me sentía muy bien el día de hoy, así que no fui al trabajo, y me quedé en mi casa. Estaba tratando de dormir un poco ésta tarde, cuando de repente me asustó un fuerte y prolongado ladrido en la parte trasera de mi casa. Finalmente decidí ir y ver de qué se trataba todo esto. Cuando abrí la puerta trasera, entró un horrible y feroz perro bulldog. Al principio yo estaba muy atemorizado por el animal, pero rápidamente descubrí que era muy amistoso y lo metí a la casa. Entonces me senté en mi silla y el perro inmediatamente de una tierna manera se me acercó y puso su gran cabeza sobre mis piernas. Él perro estaba volteando hacia mí y logré leer lo que decía su collar: "Ponte a cuentas con Dios". Fue entonces que decidí que si Dios estaba lo suficientemente interesado en mí como para mandar un perro bulldog, era mejor que me diera por vencido y aquí estoy. Fui salvo". Dios usó ese perro bulldog, y Dios quiere usarle a usted. Seamos obreros para Cristo.

Un predicador contó sobre una villa en África, a donde él fue por un día en su pequeño barco misionero, pero no le era posible quedarse ahí o dejar a otro misionero con ellos. Las personas de la villa estaban amargamente decepcionadas y le suplicaban que cambiara sus planes, y que les dejara a un maestro en la villa para ellos. El predicador quiso ayudarles, pero eso era más de lo que él podía hacer. Con el dolor de su corazón, los tuvo que dejar.

Mientras su bote iba de salida, los vio de pie en la arena haciendo señas hacia él con súplicas para que regresara. Dos días después, mientras él pasaba por la villa, los nativos seguían mirando, esperándolo en la arena. Al ver ellos que él no tenía la intención de regresar a la villa, se pusieron a gritar, moviendo sus brazos, dando grandes saltos al aire, gritando y tratando de cualquier manera obtener su atención. El predicador sintió su ruego en cada parte de su ser, pero no podía hacer nada al respecto. Él no tenía a nadie que se pudiera quedarse. Y siguió navegando, con su corazón estaba quebrantado con profunda tristeza.

Por favor, piense en esta gran realidad: Allá afuera hay hombres, mujeres, niños y niñas en todo el mundo que necesitan a Jesucristo. Necesitamos alcanzarlos. Por eso Jesús dijo: "los campos...están blancos para la siega". (Juan 4:35) "Rogad al Señor de la mies que envíe obreros a su mies". (Lucas 10:2) Necesitamos obreros que vayan.

Jesús dijo: "Id por todo el mundo y predicad el evangelio a toda criatura". (Marcos 16:15) Muchos misioneros han testificado que ellos han ido a un lugar y las personas les han dicho: "Nosotros estábamos orando durante muchos años para que alguien viniera y nos dijera la verdad, y tu viniste, y ahora conocemos a Jesús como nuestro Salvador". ¡Hay muchas personas allá afuera que quieren conocer a Jesús! ¿Usted será un obrero e irá y les hablará a otros acerca de Jesús? Nosotros tenemos que hablarles a otros acerca de Jesucristo. Entonces, ¡hagámoslo!

Capítulo 10

Predica a Cristo Cada Día, en Cada Lugar, a Cada Criatura

La Biblia dice en Hechos 5:42: "Y todos los días, en el templo y por las casas, no cesaban de enseñar y predicar a Jesucristo".

Quiero hablarle sobre el gran tema que puede ayudarnos a alcanzar al mundo: "Predica a Cristo cada día, en cada lugar, a cada criatura". Así debe ser. "Predica a Cristo cada día, en cada lugar, a cada criatura". Siempre debemos alcanzar a otros para Cristo.

Oremos, por favor. "Querido Señor Jesucristo, ayúdanos a alcanzar a las almas preciosas antes de que sea demasiado tarde. En el nombre de Jesús, Amén".

Si estudiamos el libro de los Hechos, descubriremos que el Señor añadía a la iglesia cada día. Eso quiere decir que ellos estaban ganando almas cada día. Ellos hacían algo cada día para dar el evangelio.

El Señor está diciéndole a la iglesia, que si queremos hacer lo correcto así como la iglesia primitiva lo hacía, entonces necesitamos ir y alcanzar a alguien cada día para Cristo. La Biblia dice: "Y todos los días, en el templo y por las casas, no cesaban de enseñar y predicar a Jesucristo". (Hechos 5:42) Todos los días ellos hablaban sobre Jesús. Pablo predicaba sobre Jesucristo todo el tiempo. Si usted, yo y la iglesia queremos el poder de Dios, entonces todos los días tenemos que hacer algo. Todos podemos dar el evangelio, por ejemplo dando folletos y de muchas otras maneras todos los días. Entonces, cada uno de nosotros podemos dar el evangelio cada día.

Creo que una iglesia verdadera necesita hacer algo cada día para alcanzar a otros para Cristo. Cada iglesia necesita sentarse y planear. ¿Qué puede hacer cada día para dar el evangelio? Si queremos ser cristianos bíblicos y ser una iglesia bíblica, entonces tenemos que alcanzar cada día a las personas para Cristo.

En el libro de los Hechos, ellos estaban haciendo evangelismo personal, pero también hacían evangelismo masivo. Pedro predicó en el día del Pentecostés y 3,000 personas fueron salvas. Después predicaron y alrededor de 5,000 personas fueron salvas. Otro evangelista y yo fuimos a las Filipinas; nosotros predicamos y más de 47,000 personas fueron salvas en 40 días. Dios todavía puede hacerlo. Pero, ¿dónde están las personas de Dios que creerán en Dios y les predicarán a las multitudes? Hagamos evangelismo masivo y ganemos almas en forma personal también. Tenemos que hacer algo cada día para alcanzar a otros para Cristo.

Hay personas que critican a aquellos que tienen una preocupación genuina por alcanzar a las multitudes. La crítica es que deben preocuparse verdaderamente por uno o por algunos, pero no por las multitudes. Pero no debemos olvidar que los números son múltiplos de uno. 100 es un ciento de uno. Mil es un mil de uno. Así que es posible estar verdaderamente preocupados por cada uno de los miles. Necesitamos estar preocupados por las almas.

Piense una vez más en cuántos fueron salvos el día del Pentecostés: 3,000 salvos y en otra ocasión 5,000. La Biblia dice que "también muchos de los sacerdotes obedecían a la fe". Más tarde dice que un gran número creyó. La Biblia dice que las iglesias aumentaron en número. La Biblia nos muestra que es correcto reportar el éxito numérico. Incluso hay un libro en la Biblia que se llama Números. Estoy bromeando. Pero necesitamos darnos cuenta que los números representan personas que irán al infierno sin Cristo.

Alguien que hablaba sobre el hecho de que los números son importantes dijo: "Me dijo alguien: 'No estoy interesado en los números. Prefiero tener un domingo espiritual que un domingo grande', y pensé que yo estaba de acuerdo. Así que determiné orar y preparar bien mi lección especialmente para el siguiente domingo. Por lo menos mi clase sería espiritual. No visité mis estudiantes. Dejé que ellos llegaran por sí mismos, pero tenía mi mensaje muy bien preparado.

Llegó el domingo. David no estaba. ¿Él estaba alejándose de la clase y de Dios? Mi corazón sintió una pequeña punzada de dolor. Jimmy no estaba ahí. ¿Se habría enfermado? y ¿Qué pasó con

Carlos? ¿Estaría sentado afuera sintiéndose triste porque no llegó a la iglesia? Di mi clase de escuela dominical, pero a los tres ausentes ¿qué bien les hizo? Fue muy bueno dar la lección, pero, ¿qué pasó con los otros?"

El hombre dijo: "Esa semana les envié las mejores tarjetas que encontré. Les llamé por teléfono; incluso los visité. El constante clamor de mi corazón fue: '¡Oh, Dios, no permitas que falten! y que crezcan en pecado y en una vida sin sentido. Por favor, Dios, tráelos de regreso'. Él dijo: "Debemos esforzarnos por los números. Cuando se trata de mis niños, son importantes los números. Cada uno de los estudiantes era muy importante para mí".

Los números son importantes porque representan a los individuos que necesitan ser alcanzados para Cristo. Seguramente todos nosotros necesitamos tener más compasión por los perdidos que están lejos de Dios y no se acercarán a menos de que vayamos por ellos. Un predicador dijo: "Si mi casa se quema mientras no estoy, no quisiera que mi vecino estuviera contento por sólo haber podido sacar a uno de mis hijos. Eso sería bueno, y estaría muy agradecido, pero lo que yo quisiera es que mi esposa y mis tres hijos fueran rescatados también". Dios está feliz cuando ganamos a una persona, pero quiere que ganemos a las multitudes también. Esa es la tarea que tenemos por delante. Jesús dijo: "Id por todo el mundo y predicad el evangelio a toda criatura". (Marcos 16:15) Eso significa todos. Tenemos que hacer todo lo que podemos hacer para alcanzar a otros para Cristo. "Predica a Cristo cada día, en cada lugar, a cada criatura".

Un predicador que estaba equivocado decía: "Dios sabe lo que hace. Él va a darnos a la gente que necesitamos en este culto". Él estaba en una iglesia. Se puso de pie y predicó a 150 personas en un auditorio que tenía la capacidad para 900 personas. Llegó al púlpito después de algunos himnos de adoración y dijo: "Bueno, sé que podríamos tener un grupo más grande. Pero hay algo de lo que estoy convencido: todos los que Dios quiere que estén aquí esta noche, aquí están".

¡No! ¡No! ¡No! Eso no puede ser verdad. Sólo porque la iglesia no ha planeado, no se ha anunciado, no ha promovido, no ha trabajado, o no ha visitado, no quiere decir que los que se presenten son los que Dios quiere que estén presentes. Poco trabajo nunca significa gran poder espiritual. Claro que la promoción no es sustituta de la presencia de Dios y del Espíritu Santo, pero también manejar mal las cosas de Dios no es un incentivo para que el Espíritu Santo de Dios haga su trabajo. Entonces, necesitamos el poder del Espíritu Santo y necesitamos trabajar muy duro para alcanzar a las multitudes.

Jesús usó la palabra "forzar" cuando nos dijo que saliéramos a los caminos y a los vallados para traer a las personas a la casa de Dios. Tenemos mucho trabajo por hacer. "Predica a Cristo cada día, en cada lugar, a cada criatura".

149

Recuerde que Jesús dijo: "Si alguno quiere venir en pos de mí, niéguese a sí mismo, tome su cruz <u>cada día</u>, y sígame". (Lucas 9:23)

La Biblia dice:

- "Antes exhortaos los unos a los otros <u>cada día</u>, entre tanto que se dice: Hoy; para que ninguno de vosotros se endurezca por el engaño del pecado". (Hebreos 3:13)

- "Mas buscad primeramente el reino de Dios y su justicia, y todas estas cosas os serán añadidas. Así que, no os afanéis por el día de mañana, porque el día de mañana traerá su afán. Basta a <u>cada día</u> su propio mal". (Mateo 6:33-34)

- "Cuando no sabéis lo que será mañana. Porque ¿qué es vuestra vida? Ciertamente es neblina que se aparece por un poco de tiempo, y luego se desvanece". (Santiago 4:14)

- "Y decía a todos: Si alguno quiere venir en pos de mí, niéguese a sí mismo, tome su cruz <u>cada día</u>, y sígame". (Lucas 9:23)

- "Y les dijo: Venid en pos de mí, y os haré pescadores de hombres". (Mateo 4:19)

- "Y enseñaba <u>cada día</u> en el templo; pero los principales sacerdotes, los escribas y los principales del pueblo procuraban matarle". (Lucas 19:47)

- "Habiendo estado con vosotros <u>cada día</u> en el templo, no extendisteis las manos contra mí; mas esta es vuestra hora, y la potestad de las tinieblas". (Lucas 22:53)

- "Y perseverando unánimes <u>cada día</u> en el templo, y partiendo el pan en las casas, comían juntos con alegría y sencillez de corazón, alabando a Dios, y teniendo favor con todo el pueblo. Y el Señor añadía <u>cada día</u> a la iglesia los que habían de ser salvos". (Hechos 2:46-47)

- "Y <u>todos los días</u>, en el templo y por las casas, no cesaban de enseñar y predicar a Jesucristo". (Hechos 5:42)

- "Así que las iglesias eran confirmadas en la fe, y aumentaban en número <u>cada día</u>". (Hechos 16:5)

- "Mientras Pablo los esperaba en Atenas, su espíritu se enardecía viendo la ciudad entregada a la idolatría. Así que discutía en la sinagoga con los judíos y piadosos, y en la plaza <u>cada día</u> con los que concurrían". (Hechos 17:16-17)

- "Y entrando Pablo en la sinagoga, habló con denuedo por espacio de tres meses, discutiendo y persuadiendo acerca del reino de Dios. Pero endureciéndose algunos y no creyendo, maldiciendo el Camino delante de la multitud, se apartó Pablo de ellos y separó a los discípulos, discutiendo cada día en la escuela de uno llamado Tiranno. Así continuó por espacio de dos años, de manera que todos los que habitaban en Asia, judíos y griegos, oyeron la palabra del Señor Jesús". (Hechos 19:8-10)

- "Os aseguro, hermanos, por la gloria que de vosotros tengo en nuestro Señor Jesucristo, que cada día muero". (1 Corintios 15:31)

- "Porque dice: En tiempo aceptable te he oído, Y en día de salvación te he socorrido. He aquí ahora el tiempo aceptable; he aquí ahora el día de salvación". (2 Corintios 6:2)

- "Porque para mí el vivir es Cristo, y el morir es ganancia". (Filipenses 1:21)

(El Evangelista D.L. Moody hizo algo cada día para dar el Evangelio.)

- Jesus dijo en Marcos 16:15: "Id por todo el mundo y predicad el evangelio a toda criatura".

- Recuerde este gran versículo y ejemplo. Hechos 5:42 dice: "Y todos los días, en el templo y por las casas, no cesaban de enseñar y predicar a Jesucristo".

Entonces tenemos que alcanzar a las personas cada día para Cristo. Debemos hacer algo cada día para dar el evangelio del

Señor Jesucristo a otras personas. Así que, "¡Cada Día, Predique a Cristo!"

Me gusta la historia de aquel hombre inglés sofisticado que visitó Brasil, Se acercó a un hombre de la región del Amazonas, leyendo la Biblia. El caballero de Inglaterra dijo: "¡Ah! En Inglaterra ya hemos dejado ese libro atrás".

El ex-caníbal miró la cara del hombre y le dijo: "Señor, si aquí hubiéramos dejado la Biblia, ayer yo me lo hubiera comido a usted".

Hay poder en la Palabra de Dios. Necesitamos dar la Palabra de Dios, porque sigue salvando a las almas. Muchos miembros de las iglesias a veces cuando terminan los servicios dicen: "¿Eso no fue muy rico? Realmente fuimos alimentados". Ahora, estoy a favor de alimentarnos con la Palabra de Dios, pero si recibimos alimento, entonces debemos ir y hacer algo por Dios. Algunos son alimentados y alimentados y alimentados y alimentados. Son como el sapo que estaba tan lleno que no pudo brincar. Alguien le dijo a un pastor: "Estamos buscando una iglesia para ser alimentados". Su respuesta fue: "¿Por qué no se quitan el babero, y mejor se ponen un mandil y trabajan para Jesús?" Ya es tiempo de que estemos ocupados por Jesús. Algunos son como el mar muerto. Hay tanta agua tan ricas que llegan a ese mar, pero es un mar muerto porque no tiene salida. Así son algunos. Están recibiendo tanto, y han escuchado tantas grandes verdades, pero no están haciendo nada con ellas. ¡Están muertos! Es tiempo de que comiencen a dar el evangelio a otras personas. "Predique a Cristo cada día, en cada lugar, a cada criatura".

Años antes de que Alemania se volviera loca bajo el nazismo, las iglesias que lideraban habían perdido su celo por evangelizar. Se habían vuelto santuarios introvertidos de estudios sagrados. Las iglesias perdieron su compromiso para ganar al país para Cristo. Cuando la cruz esvástica de Hitler llegó a cada ciudad y villa, muchos cristianos se unieron a las filas del nuevo movimiento. ¡Qué triste! Tenemos que predicar a Cristo cada día, en cada lugar y a toda criatura para que podamos hacer una diferencia y no enfrentar las consecuencias de nuestra desobediencia.

Hace años, Inglaterra decidió sólo tener conferencias y estudios bíblicos. Hasta sus escuelas dominicales se convirtieron en lugares de estudio de la Biblia, dejando de alcanzar a otros. Si, ellos aprendieron mucho de la Biblia, pero ahora muy pocas personas en Inglaterra asisten a una iglesia.

Yo recomiendo que estudiemos la Biblia como nunca antes, memorizándola y amándola con un profundo sentimiento del corazón, pero debemos alcanzar a otros para Cristo. Debemos tomar lo que hemos aprendido y compartirlo, como hizo Jesús, con los ricos y los pobres, los guapos y los feos, los de cabello largo, cabello corto, o sin cabello. Que el mundo sepa que no sólo queremos ser estudiantes de la Palabra, sino hacedores de la Palabra. ¡Dejemos de hablar y trabajemos para Jesús!

Hay una historia que vale la pena repetir porque ilustra este punto. Una tormenta había arruinado una buena cosecha de trigo. Todas las otras cosechas habían sido recogidas antes de que la tormenta llegara. Pero ésta no pudo ser cosechada por falta de ayuda. El dueño de la cosecha se paró en la cerca después de que la tormenta había pasado, y miró la cosecha arruinada. Su cara era un reflejo de tristeza y de desánimo. Un extraño que iba por el camino se acercó a la cerca, se paró en silencio por un momento al lado del granjero, y dijo: "Es una vista muy triste ¿verdad?" La respuesta del dueño fue: "Usted no creería que sólo es una vista muy triste si fuera su campo. Yo no pude conseguir quien cosechara".

Mientras estamos rogándole al Señor para que envíe obreros a las gavillas para ser recogida, hay una cosecha madura que se va a perder porque los trabajadores, nosotros, no estamos yendo al campo a recogerla. Necesitamos ir y alcanzar a otros antes de que sea demasiado tarde. Jesús tiene un mensaje para la iglesia: "¡Ocúpate y háblales a otros de Mí!" ¿Estamos haciendo todo lo posible para alcanzar a otros para Cristo?

Satanás es muy efectivo con su herramienta astuta de "en otra ocasión". Él dice que está bien hacer amistad con un alma perdida y ganar su respeto, pero que no debemos ser un valiente testigo porque eso podría ofenderlo y molestarlo. Por consiguiente, si una buena oportunidad se presenta y abrimos nuestra boca para evangelizar, una voz dice: "Habrá otra oportunidad. No lo molestes". Me pregunto cuántas personas están en el infierno por culpa de aquellos cristianos que han tenido miedo de molestar a alguien.

Una vez, un pastor y un evangelista fueron a ganar almas. Estaban muy preocupados por la salvación de un hombre. El evangelista dijo: "Cuando llegamos a la casa del hombre, lo vimos pintando su casa. Era un día caluroso en verano. El pensamiento nos vino a ambos: 'No debemos interrumpir a un hombre mientras está trabajando'. Pero nos detuvimos y comenzamos a testificarle. Él estaba un poco molesto al principio, mientras se quitaba el sudor de su cara. Sin embargo, él invitó a Jesús a entrar en su corazón, y esa noche en un servicio de avivamiento hizo una profesión de fe. La iglesia resonaba de alegría porque habían estado orando por ese hombre por muchos años.

El siguiente verano, el evangelista regresó a la misma ciudad para una campaña de avivamiento. Al estacionarse, un hombre puso su mano en la manija del carro antes de que se apagara el motor. Abrió la puerta y le abrazó al evangelista, diciendo: "Predicador, predicador, gracias por interrumpirme cuando pintaba el verano pasado. Este ha sido el mejor año de mi vida para mí y para mi familia". Hay personas allá afuera que quieren conocer a Jesús, y nosotros como iglesia tenemos mucho trabajo que hacer. Dios tiene un mensaje para la iglesia: Ocúpate y háblales a las personas de Jesús.

Alguien le preguntó a un pastor: "¿Qué hace cuando su corazón se comienza a enfriar?" El pastor dijo: "Me subo a mi carro y voy a buscar a un pecador y le hablo de Jesús. Regreso gozoso y cantando alabanzas a Dios".

¡Eso es! Cuando parece que el fuego interna está apagando y que el entusiasmo se acaba, salga y comparta de Jesús con una persona perdida, y el fuego de Dios arderá nuevamente en su mente y en su corazón. Las otras cosas que tenemos que hacer pueden ser importantes para aquellos que están alrededor de nosotros, pero no hay nada en éste mundo más importante que ganar a una persona para Jesucristo.

Un gran predicador al final de su vida había hecho grandes cosas. Cuando le preguntaron: "¿Qué es lo mejor que usted ha hecho?", él respondió: "Guiar a alguien a Jesús". La primera tarea del pastor es crecer sabiamente en evangelismo personal y después llevar a su gente con él para ganar almas para que ellos aprendan por su ejemplo. Pastores, predicadores, y personas de la iglesia necesitan llevar a otros con ellos y alcanzar a otros para Cristo. Entonces, alcancemos a otros antes de que sea demasiado tarde.

Jesús vino del cielo para buscar y salvar lo que se había perdido. Así que no esperemos que las personas vengan a nuestras iglesias; eso es religión. Nosotros tenemos que ir por ellos y hablarles de Dios, que Él vino del cielo en una búsqueda y misión de salvación. Sin duda, muchas iglesias son más religiosas que cristianas. Las personas van a llegar a la iglesia, pero no irán por las almas. Ellos vendrán por una actividad religiosa, pero no irán a un servicio cristiano. Si un curso especial es anunciado muchos asistirán, pero si la visitación es anunciada pocos irán. Demasiados cristianos prefieren hablar de hacer algo en lugar de hacerlo.

Un predicador dijo: "Memorizar la Biblia es bueno. Le recomiendo que lo haga, pero es una actividad religiosa hasta cierto punto. El hacer en la vida diaria lo que la Biblia dice es la aplicación cristiana. Cantar himnos es una buena actividad religiosa, pero ¿por qué cantar: 'Rescata al perdido, o ama al perdido', cuando afuera de la iglesia nunca se preocupa por ellos? Eso es hipocresía. Incluso escuchar un sermón no es más que una actividad religiosa, si la verdad del mensaje no se hace viva y parte diaria de la vida del oyente. Escuchar y no hacer nada es una actividad religiosa, pero escuchar y responder en una vida con disciplina es trabajo cristiano". La Biblia dice: "Porque no son los oidores de la ley los justos ante Dios, sino los hacedores de la ley serán justificados". (Romanos 2:13) Hagamos lo que Dios nos manda a hacer.

Muchos cristianos hoy en día son muy buenos en ser religiosos, pero han fracasado en ser verdaderos cristianos. Olvidan que el grupo que odiaba a Jesucristo era el grupo más religioso de la tierra. Los miembros de ese grupo fielmente asistían a sus reuniones religiosas, diezmaban, y oraban con voz elocuente, pero ellos ayudaron a crucificar a Jesús. La religión sigue haciendo lo mismo hoy en día. La naturaleza del cristianismo no pregunta: "¿Por qué no asiste a las reuniones?" sino que pregunta: "¿Por qué no he ido a visitar a mi vecino?" Jesús vino a nosotros; por lo tanto necesitamos ir a otros. Una religión equivocada se vuelve tan importante en lugar de involucrarse en compartir a Cristo con un mundo que es separado del Salvador. "Predique a Cristo cada día, en cada lugar, a cada criatura". ¡Tenemos que alcanzar a otros para Cristo!

Las personas inconversas son más sorprendidas por nuestro silencio, de que son ofendidas por nuestro mensaje. Debemos darles las buenas noticias. Ahora es el tiempo de la siega. Hoy es el día de la salvación. Rápidamente comparta la historia de la salvación con amigos, familiares, y con aquellos que están separados de Cristo. Es mejor darles una oportunidad de decir "si" en vez de permanecer en silencio y nunca saber cuál hubiera sido su respuesta. Alcancemos a las personas ahora, y no tengamos su sangre en nuestras manos.

El misionero Robert Moffatt, en su tiempo de descanso en Inglaterra, estaba hablando sobre la gran necesidad que había en la oscura tierra de África. Entre aquellos que estaban escuchando su reporte, las maravillas y las necesidades del continente de África, se encontraba un joven escocés robusto, llamado David Livingstone. Él estaba estudiando para ser doctor y había decidido dar su vida al servicio de Dios. Pero dónde y cómo él podía ser de mayor uso, no lo sabía. Planeó ir a China como misionero pero no le dejaron ir, debido a la guerra de opio.

Al escuchar las experiencias del Dr. Moffatt, escuchó que dijo: "Hay un vasto valle al norte, donde he visto por la mañana el humo de mil villas donde ningún misionero ha llegado". ¡El humo de mil villas donde ningún misionero ha llegado! Livingstone nunca olvidó esas palabras. Él anhelaba ir a donde ningún misionero había ido para dar su vida en servicio por el Señor Jesucristo.

Él fue con el Dr. Moffatt y le preguntó: "¿Seré suficiente para África?" y, por supuesto, la respuesta fue: "Si". Ésta fue la gran decisión de David Livingstone. Él se fue a África e hizo un gran impacto por la causa de Cristo.

Por favor présteme mucha atención. Usted podría preguntar: "¿Seré suficiente para África?" La respuesta es "Si". ¿Seré suficiente para Asia? Sí. ¿Seré suficiente para Australia? Sí. ¿Seré suficiente para Norteamérica o Sudamérica? Sí. ¿Seré suficiente para Europa? Sí. No importa dónde, usted puede ir allá y alcanzar a las personas para Cristo. Tal vez esté pensando: "Dios, ¿podré hablarles a otros de Jesús?" La respuesta es "Si". Dios quiere usarle. Tenemos que predicar a Cristo cada día, en cada lugar, a cada criatura.

¿Porque debemos dar el evangelio cada día? Porque la Palabra de Dios nos ensena a hacerlo y nos muestra varias razones para hacerlo, como la brevedad de vida y la realidad del infierno eterno. Si en verdad creemos que hay un infierno, entonces tenemos que hacer algo todos los días para dar el evangelio a otros, antes de que sea demasiado tarde.

Quiero terminar con esta historia muy conmovedora. Peter Stryker nunca olvidó el comentario de su amigo, un abogado que en ese tiempo no era salvo. El abogado dijo: "Si yo creyera como tú, que toda la raza humana está perdida en pecado, no descansaría. Haría todo lo posible para hablarles de la salvación. Trabajaría día y noche. Hablaría con toda pasión. Les advertiría, rogaría, y suplicaría a los hombres que confiaran en Cristo y recibieran salvación inmediata. Estoy sorprendido de la manera en que la mayoría de los cristianos hablan de su mensaje. ¿Por qué no actúan como si de verdad creyeran sus propias palabras? No tienen la seriedad y la firmeza en su predicación que nosotros los abogados tenemos en nuestras defensas. Si fuéramos tan dóciles como ustedes, nunca ganaríamos ningún caso".

Peter Stryker dijo: "Le doy gracias a Dios por el comentario que me dijo, porque empezó un fuego en mis huesos, y espero que siga teniendo ese fuego hasta que muera. Dios me predicó un sermón muy conmovedor ese día por la boca de mi amigo, un abogado inconverso". Mi amigo, necesitamos escuchar ese sermón. ¿En verdad creemos que hay un infierno? Si es así, entonces tenemos que hacer todo lo posible para alcanzar a otras personas para el Señor Jesucristo. ¡Tenemos que alcanzar a otros para Cristo, todos los días!

Entonces, "Predique a Cristo cada día, en cada lugar, a cada criatura".

Pensamientos Finales

Es mi esperanza y oración que este libro haya sido de bendición y de ánimo para su vida. Nunca olvide que el Señor Jesucristo le ama. Es tan maravilloso saber que el Señor Jesucristo vino a esta tierra, y que vivió, murió y dio su vida para que cada uno de nosotros pudiéramos tener vida eterna. La Biblia dice: "Porque de tal manera amó Dios al mundo, que ha dado a su Hijo unigénito, para que todo aquel que en él cree, no se pierda, mas tenga vida eterna". (Juan 3:16)

Jesús le ama tanto que murió en la cruz para perdonarle todos sus pecados. Jesús murió para que pudiéramos ser salvos del infierno e ir al cielo algún día. Si usted decide confiar en Jesús solamente para llevarle al cielo, Él nunca le dejará ni le abandonará, y un día le llevará a un lugar maravilloso donde no habrá más dolor, ni tristeza o problemas. Jesús siempre estará con usted el resto de su vida.

Si quiere recibir a Jesucristo en su corazón y vida para ir al cielo, ore ésta sencilla oración conmigo por favor: "Señor Jesús, por favor entra en mi corazón y vida. Perdóname de todos mis pecados. Sálvame del infierno y llévame al cielo. Gracias, Jesús, por entrar en mi corazón, y que algún día me llevarás al cielo. En el nombre de Jesús, Amén".

Si acaba de hacer esta oración y usted está confiando en que Jesús le llevará al cielo, Jesús está en su corazón. Jesús nunca le dejará ni le abandonará. Siempre estará allí con usted. Así que le animo a seguir adelante. Acérquese a Jesús, lea su Palabra y guárdela en su corazón. Jesús le ayudará a crecer y estará con usted en todas las áreas de su vida.

Que Dios le bendiga a usted y su familia y les use para hacer una diferencia en este mundo.

Made in the USA
Middletown, DE
29 December 2022